Jürgen Elsässer/Matthias Erne (Hrsg.) • **ERFOLGSMODELL
SCHWEIZ**

D1731626

Jürgen Elsässer/Matthias Erne (Hrsg.)

Erfolgsmodell Schweiz

Direkte Demokatie, selbstbestimmte Steuern, Neutralität

KAI HOMILIUS VERLAG — COMPACT

DIE HERAUSGEBER

Matthias Erne ist Rechtsanwalt in Zürich und in der Ostschweiz. Er wirkte bei verschiedenen Volksinitiativen und Referendumskomitees mit und war als Milizoffizier Verfasser der Studie Armeeeinsätze unterhalb der Kriegsschwelle. *Bis 2002 war er Mitglied des* Vereins zur Förderung der psychologischen Menschenkenntnis (VPM).

Jürgen Elsässer (Berlin) hat zwei Dutzend Bücher vor allem zu geostrategischen Fragen veröffentlicht, die in viele Sprachen übersetzt wurden. Er war Redakteur von konkret *und* junge Welt *und ist heute Herausgeber der Reihe* COMPACT. *(www.juergen-elsaesser.de)*

© Kai Homilius Verlag, Berlin 2010, 2. Auflage 2010
Alle Rechte vorbehalten. Ohne ausdrückliche Genehmigung des Verlages ist es nicht gestattet, dieses Werk oder Teile daraus auf fotomechanischem Wege (Fotokopie, Mikrokopie) zu vervielfältigen oder in Datenbanken aufzunehmen.

COMPACT – Nr. 16
Kai Homilius Verlag
www.kai-homilius-verlag.de
E-Mail: home@kai-homilius-verlag.de

Herausgeber:	Jürgen Elsässer, Matthias Erne
Umschlag:	Joachim Geißler
Druck:	Printed in E.U.
ISBN:	978-3-89706-416-4

INHALTSVERZEICHNIS

I. Die Grundlagen des Modells Schweiz

II. Die Angriffe auf die Schweiz

III. Dokumente und Zahlen

I.

Die Grundlagen des Modells Schweiz

„*Gegend, Stadt, wohlhabend, reinlich, alles benutzt, geziert, allgemeines Wohlbefinden, nirgends Elend, nirgends Pracht eines einzelnen hervorstechend [...] die Leute sind gut gebildet und gesittet [...] sie sind geschäftig und ein Erdschollen ist ihnen viel wert.*"

Johann Wolfgang Goethe, *Schweizer Reisetagebuch*, 1779

Matthias Erne

WAS HEISST VOLKSSOUVERÄNITÄT?

Über Machtkontrolle und Konstanten des Erfolgsmodells Schweiz

In diesem Buch soll dem Wunsch auswärtiger Freunde entsprochen werden, nämlich die Schweiz, ihr politisches und wirtschaftliches System und die bei uns besonders hervortretenden menschlichen Attribute vorgestellt zu bekommen. Und wie das eine schweizerische Eigenart ist, tue ich dies nicht alleine, sondern zusammen mit vielen anderen Autoren. Dies ist übrigens bereits ein schweizerisches Merkmal: In der Schweiz gibt es weniger die herausragende Einzelpersönlichkeit und Einzelleistung, es gibt eher die Gemeinschaftsleistung, die Schwarmintelligenz, die gut abgewogene Sachlösung.

Dann möchte ich noch etwas vorausschicken, quasi einen Disclaimer, einen Sorgfaltshinweis. Wir berichten aus der Schweiz nicht, weil wir denken, wir hätten das Ei des Kolumbus des menschlichen Zusammenlebens gefunden. Wir meinen nicht, dass es darum gehe, das Modell blind zu kopieren. Wir warnen davor. Aber wir glauben, dass wir gegenüber anderen Völkern ein Privileg haben, und zwar das Privileg, dass wir uns über einige Jahrhunderte ohne äußere Störung entwickeln konnten. Wir konnten uns entwickeln, ohne dass wir durch Kriege, Besetzungen und anderes ständig zurückgeworfen und von Fremdeinflüssen gestört wurden. Insofern kann das, was heute als Schweizer Modell gilt, vielleicht als geronnene und bewährte menschliche Erfahrungen betrachtet werden. Erfahrungen, die durchaus von allgemeinem Wert sind. Wir laden also ein, sich einmal mit den Faktoren des Erfolgsmodells Schweiz zu befassen.

Ich werde folgende drei Aspekte aufgreifen: Etwas zur Geschichte sagen, dann etwas zu den schweizerischen Charakteristiken und Institutionen und schließlich zu den menschlichen Voraussetzungen, die man in der Schweiz vielleicht mehr findet als anderswo.

Zur Geschichte der Selbstbestimmung

Die Geschichte der heutigen Schweiz geht zurück auf das Jahr 1291. Damals war die heutige Schweiz Teil des Deutschen Reiches, mit feudalen Strukturen. Der Kaiser setzte Vögte ein. Dieser übergeordnete, weltliche oder religiöse Adel ohne Bodenhaftung trieb von der Bevölkerung die Steuern ein und übte die Gerichtsbarkeit aus.

Drei Innerschweizer Talschaften waren der Meinung, es sei nun eigentlich nicht weiter nötig, immer fremde Herren zu haben und Abgaben zu leisten. Vor allem die fremden Richter, die nichts verstünden von der Bevölkerung vor Ort, seien überflüssig. Die Repräsentanten der Talschaften hielten Rat und erkannten „Wir haben auch noch einen ökonomischen Vorteil, wenn wir die Herrschaft abschütteln. Wir haben Alpen-Pässe und wir können die Passgebühren selber verwalten". Das war aber nicht ausschlaggebend. Man tat sich zusammen und fragte: „Seid ihr bereit, dass wir zusammen einen Bund schließen, wonach wir keine fremden Richter mehr tolerieren, uns gegen äußere Einmischung gegenseitig schützen und dem Kaiser signalisieren: ‚Bleib' draußen, wir verwalten uns selbst'?"

Die drei Repräsentanten beschworen auf dem Rütli am Vierwaldstättersee unter sich diese Grundlagen, und vereinbarten, bevor sie in ihre Talschaften zurückgingen, folgendes: „Diejenigen Täler, die einverstanden sind, geben ein Zeichen. Sie zünden an einem bestimmten Abend auf den Bergspitzen oben ein Feuer an. Wenn die anderen Täler die Feuer sehen, dann heißt das, *der Bund* gilt verbindlich, dann beginnen wir den Aufstand." Dies war im Grunde die erste verfassungsgebende Versammlung Europas. Sie geschah nach der Überlieferung am Anfang des Monats August 1291. Dieser Akt war sozusagen der Beginn der *Eidgenossenschaft,* wie die Schweiz offiziell noch immer heißt. Diese Feuer werden auch heute noch am 1. August, dem Nationalfeiertag in jeder Gemeinde entzündet, und man gibt sich damit von Gemeinde zu Gemeinde das Zeichen, dass der rebellische Bund weiterhin gilt. Friedrich Schiller hat in seinem immer wieder lesenswerten Schauspiel *Wilhelm Tell* von 1804 die historischen Umstände und das Widerstandsrecht gegen Tyrannei beschrieben.

Dieser Bund wurde in einer Urkunde, dem sog. Bundesbrief, und mit den Siegeln der drei Täler URI, SCHWYZ und UNTERWALDEN versehen. Diese 700-jährige Urkunde ist im Bundesbriefarchiv in Schwyz ausgestellt. Sie ist im Vergleich mit der daumendicken, unverständlichen Verfassung der EU von anmutiger Schlichtheit und Knappheit.[1]

Gleiches gilt übrigens auch für unsere heutige Verfassung von 1999, deren Zweckartikel noch immer den Kerngedanken von 1291 entspricht.[2]

Wie ging es weiter? Nach 1291 zeigte sich diese – heute würde man sagen republikanische – Idee der Freiheit und der gemeinsamen Selbstbestimmung als begeisterungsfähig. Im Laufe der folgenden zweihundert Jahre traten immer mehr Gebiete, die an die drei Urkantone grenzten, diesem Bund bei. Dies manifestiert die Ansteckungskraft einer freiheitlichen Idee. Daraus entwickelte sich die sog. *Alte Eidgenossenschaft,* und die Ausstrahlung der Beitrittsidee zu dieser Freiheitszone ging wei-

---

1   Schweizerischer Bundesbrief von 1291 siehe unter III. Dokumente und Zahlen, S. 153.
2   Art. 2 Bundesverfassung der Schweizerischen Eidgenossenschaft vom 18.4.1999 siehe unter III. Dokumente und Zahlen, S. 154.

ter. Aus den Gräueln des Dreißigjährigen Krieges entwickelte Samuel von Pufendorf ca. 1670 die Philosophie des Naturrechts, welche in der Schweiz von einer Denkschule in der französischen Schweiz aufgegriffen und weiterentwickelt wurde. Zusammen mit Jean-Jacques Rousseau, dem französischen Philosophen und Pädagogen, beeinflussten sie die französische Revolution und später die Väter der amerikanischen Verfassung von 1788/1792. Später re-importierten die Schweizer bei der Konzeption ihrer Verfassung von 1848 die Weiterentwicklungen in der amerikanischen Verfassung (z.B. das Zweikammersystem). Die USA sind heute fast das einzige Land neben der Schweiz, das Volksabstimmungen in Verfassung und Praxis kennt, zumindest auf Ebene der US-Bundesstaaten. Aus dieser rechtshistorischen Verbindung resultiert, dass sich beide Staaten lange als „Sister Republics" bezeichneten, auch wenn diese Gemeinsamkeiten in den letzten 40 Jahren durch die Entwicklung der USA zum Imperium nicht mehr so offen zutage treten.

Doch zurück zum Gedanken des frei gewollten Beitrittes zur Freiheitszone der alten Eidgenossenschaft. Letztmals wollte Ende des Ersten Weltkrieges – so lange ist das gar noch nicht her – ein Gebiet der Schweiz beitreten. Es gab eine Abstimmung im österreichischen Vorarlberg und in der Schweiz. Das Vorarlberg stimmte zu, doch die Schweizer, besonders die französisch sprechenden Kantone, wollten dies nicht. Die inner-eidgenössischen Spannungen während des I. Weltkriegs machten vorsichtig gegenüber staatspolitischen Experimenten. Heute würde die Schweiz den Beitritt Vorarlbergs kaum mehr ablehnen.

Obwohl damals eine demokratische Erweiterung abgelehnt wurde, besteht die Anziehungskraft der Freiheit weiter. Ich gehe davon aus, diese Idee der Freiheit könnte auch in der *Europäischen Union* zünden. Warum sollen nicht Städte oder Gegenden der EU auch einmal einer Zone der Freiheit beitreten wollen? Warum soll die Schweiz der EU beitreten? Könnte es auch andersherum kommen?

Drei Kernmerkmale des Erfolgsmodells Schweiz treten hervor: die Freiwilligkeit, die gemeinschaftliche Selbstbestimmung und die Verbindlichkeit des Wortes, des Eides. Wer wollte, konnte der Eidgenossenschaft beitreten. Diese Freiwilligkeit scheint ein Merkmal zu sein, das der Natur des Menschen entspricht. Wenn man etwas freiwillig tut, dann besteht es länger als ein Zwangsverband.

Franz Muheim, der Ständerat aus Uri, mit dem ich das Privileg hatte, im Austausch sein zu dürfen, sagte es so: „Das Herzstück der schweizerischen Staatsidee liegt im sich dauernd erneuernden Willen des Volkes, als Schicksalsgemeinschaft zusammenzuleben, öffentliche Angelegenheiten zu debattieren und diese mittels Mehrheitsbeschluss zu regeln. Der Staat Schweiz ist eine große Idee und keine technokratische Organisation."

Charakter und Institutionen

Betrachten wir den Namen dieser Idee oder dieses Markenartikels für ein Leben nach dem Maß des Menschen: Die offizielle Bezeichnung lautet *Schweizerische Eidgenossenschaft*. Es gibt den Namen in vier verschiedenen Landessprachen, weil die Schweiz aus vier verschiedenen Sprachkulturen besteht. Das Tessin, die heutige Sonnenstube des Landes, war im Mittelalter den Herzögen von Mailand kriegerisch entrissen worden. Es ging strategisch darum, das Vorgelände des Gotthardpasses kontrollieren zu können. Bis zur Zeit nach Napoleon blieb das Tessin behutsam verwaltetes Untertanengebiet der Eidgenossenschaft (sog. gemeine Herrschaft). Wegen der angenehmen Herrschaft wollte das Tessin nie an Italien zurückfallen, sondern bei der Schweiz bleiben. Dies mag genügen zu verstehen, warum von der „Willensnation Schweiz" gesprochen wird, selbst dort, wo es ursprünglich nicht ganz freiwillig zuging. Die Kraft, die das Land seit langem zusammenhält ist nicht genetischer oder sprachlicher Art. Uns hält die Idee zusammen, dass wir über die Art unseres Zusammenlebens weiterhin selbstbestimmt entscheiden wollen und gewillt sind, die nötigen Opfer zu bringen. Das ist Teil unserer Identität.

Doch zurück zum Wort der „Eidgenossenschaft". Wenn man es zerlegt, nämlich in die Worte „Eid", „Genosse" und „schaffen", dann sind wir schon ziemlich nahe an den schweizerischen Charakteristiken dran. Die Genossenschaft enthält das Element der Gleichwertigkeit und des Bewältigens einer Aufgabe im Zusammenleben. Jeder Genossenschafter hat eine Stimme und man entscheidet in einer Versammlung gemeinsam. Wenn man heute über die schweizerischen Volksabstimmungen staunt, dann ist das nichts anderes, als was man im kleinen in einer Genossenschaft oder auch in einem Verein tut.

Daraus ergibt sich auch der dezentrale staatliche Aufbau von unten nach oben. Nicht vom Kommissar runter zum Untergebenen wird befohlen, sondern vom Genossen, der in seinem Tal – heute in der Gemeinde – etwas regelt, wird nach oben delegiert, soweit unbedingt nötig. Man spricht modern vom *Subsidiaritätsprinzip*.

Die Schweiz besteht aus etwa 2.700 autonomen Gemeinden, die viele Aufgaben selber regeln und auch ihre Steuern selber bestimmen. Die Gemeindeversammlung aller Einwohner wählt die Gemeinderäte und entscheidet Sachgeschäfte. Initiative und Referendum gibt es in fast allen Gemeindeordnungen. Darüber stehen die Kantone (die früheren Talschaften) als selbständige Staaten, und dann erst kommt der übergeordnete *Bund*. Wir sagen für die staatliche Ebene im Föderalismus „der Bund", die Bundesebene – das Element des Rütli-Bundes schwingt noch mit.

Die Exekutiven sowohl auf Stufe der Gemeinden, der Kantone und des Bundes sind Kollegialbehörden, die sich nach dem Parteiproporz zusammensetzen. Auch hier wird wieder eine eidgenössische Konstante sichtbar: Man lenkt die Geschicke der Gemeinschaft gemeinsam. Es gibt kein System von Regierung und Opposition. Alle sind bei der Lösung der realen Probleme eingebunden. Die Opposition oder Kontrollfunktion nimmt die Bevölkerung als Ganzes wahr, und zwar bei den vier jährlichen Abstimmungsterminen. Daraus resultiert unter anderem die sprichwörtliche Stabilität des Landes. Auch unsere Landesregierung, der *Bundesrat*, ist ein Kollegium von Gleichen. Der Bundespräsident rotiert im Kollegium jährlich. Er hat nur repräsentative Funktion und darf Staatsgäste als erster begrüßen. Es gibt keine Einzelperson mit Machtfülle wie den Bundeskanzler oder den Präsidenten der USA. Die Verhinderung von Machtmissbrauch ist Schweizern wichtig, wir kommen noch darauf.

Das genossenschaftliche Charakteristikum der Gleichwertigkeit (nicht der Gleichheit) tritt also stark hervor im Vergleich mit Deutschland oder Österreich, dessen Sozialstruktur von Königen, Kaisern und Adel geprägt war. Das gab es in der Schweiz in dieser Form seit 1291 nur noch ganz schwach, und Adelstitel waren in der Verfassung von 1848 bis 1999 sogar verboten. Weil man sich als Bürger oder Mitmensch weder von Gott noch vom Blute herleitete, war man eher Gleicher unter Gleichen, wurde die christliche Brüderlichkeit schon gelebt, bevor die *Marseillaise* gesungen wurde.

Man lebt auch heute noch gemeinschaftlicher, gleichwertiger zusammen. So ist es noch heute verpönt, Reichtum zu zeigen. Wer mehr hat, protzt nicht.

Noch ein Seitenblick auf den diesjährigen Wirtschaftsnobelpreis, der eine enge Verbindung zur Schweiz hat: Die Amerikanerin Elnor Ostrom erhielt ihn für ihre Arbeiten zum Gemeinschaftseigentum und ihrer Forschung über „Formen der sozialen Organisation". Sie war seit den siebziger Jahren immer wieder zu Studienzwecken in der Schweiz und hat die teilweise seit dem Mittelalter bestehenden und funktionierenden genossenschaftlichen Lösungen im Wirtschaftsleben von Gemeinden, Alpweiden, Waldkorporationen und Wassernutzungsgemeinschaften studiert. Wer also einen Nobelpreis als Anstoß braucht, um mit dem Erfolgsmodell Schweiz in gedanklichen Austausch zu treten, hat auch dies jetzt.

Sodann waren die Einwohner der *Reichsfreien Gebiete,* wie die Eidgenossenschaft im Mittelalter genannt wurde, vorwiegend Bauern oder in den Städten Handwerker, die ihr Leben zusammen bewältigen mussten. Darum gilt bis heute der Bauer etwas, im Unterschied zu den Nachbarländern, wo das Groß- oder Bildungsbürgertum auf die Bauern bis heute oft abschätzig hinunterschaut. Im Grunde ist die Schweiz eigentlich ein Bauernstaat. Emotional ist das bis heute so. Wen man auch fragt, vor zwei oder drei Generationen waren die meisten Vorfahren Bauern oder Handwerker. Die Schweizer sind stolz darauf.

Im späten Mittelalter und der frühen Neuzeit war die Schweiz bitterarm. Es gab immer den Zwang wegzugehen. Es gab Hungersnöte. Gegen Ende der kriegerischen Phase der Eidgenossen zogen viele Söhne aus, verdingten sich als Söldner an Höfen und stritten für Dritte, zum Teil gegeneinander. Das war die Zeit des schweizerischen Söldnerwesens. Die berüchtigten *Schweizer-Regimenter* machten einige Familien reich und festigten den Ruf der Eidgenossen als Krieger. Als man im 18. Jahrhundert allmählich einsah, dass es nicht sinnvoll war, wenn der eine Eidgenosse den andern im Dienste eines Dritten auf dem Schlachtfeld tötet, wurde das Söldnerwesen verboten. Die Krieger sattelten um, der Aufstieg zur Handelsnation war gelegt. Viele Schweizer wurden hohe Berater und Militärführer an den Höfen und Städten überall in Europa. Sie lebten in Moskau, Paris, Venedig, Rom, Sardinien und waren bekannte, gewandte und sprachkundige Leute. Über dieses Netz in ganz Europa ließen sich in der aufkommenden Industrialisierung die Produkte aller Art (zum Beispiel Uhren, St. Galler Spitzen, Textilien etc.) gut verkaufen und damit Handel treiben. Darum hat die Schweiz seit jeher überall in Europa gute Beziehungen und war offen.

Vom Genossen zum Arbeiter und zur Direkten Demokratie

Die Direkte Demokratie: Sie ist und war das große Kennzeichen der Schweiz und erweckte stets den Argwohn der Höfe und heute der nicht demokratisch legitimierten EU-Kommissare.

In der Schweiz hat die Bevölkerung das Recht, über vom Parlament verabschiedete Gesetze abzustimmen und Abstimmungen über neue Verfassungsbestimmungen zu erzwingen.

Auch diese Form der Mitbestimmung bezeichne ich als historisch geronnene menschliche Erfahrung. Es hat sich nämlich gezeigt, dass der Mensch zwar gerne mit dem andern genossenschaftlich sein Leben regelt, dass der Mensch aber auch einen ganz großen Fehler hat. Diese fehlbare Konstante ist und war das Machtstreben. Auch bei den Eidgenossen wollte immer einer doch noch mehr sein als der andere, das störte und führte zu Fehlentwicklungen und Rückschlägen. Darum hat sich die Direkte Demokratie als Machtkontrollinstrument – wieder eine geronnene historische Erfahrung – entwickelt. Besonders das Referendum, also das Recht über vom Parlament verabschiedete Gesetze abzustimmen, hat eine enorm disziplinierende Wirkung. Dass man heute Parlament und Regierung nicht traut und „das letzte Wort in Sachfragen" bei der Bevölkerung lässt, ist nicht Wille zur Macht, sondern Wille zur Machtkontrolle. Dies ist ein Standortvorteil gegenüber einer repräsentativen Demokratie, wie sie zum Beispiel in Deutschland besteht. Die Schweizerinnen und Schweizer sagen: Es kommt nicht so darauf an, wie gut oder korrupt ein

Parlamentarier oder eine Regierung ist. Wenn „die" (Regierung und Parlament) ein schlechtes Gesetz machen, dann sammeln „wir" (die Bevölkerung) Unterschriften, und erzwingen eine Abstimmung und damit eine große und breite Diskussion.

Die direkt demokratische Kontrolle ist auch wesentlicher Grund, warum es im Vergleich sehr wenig Korruption gibt. Wo alles diskutiert wird, wo laufend Rechenschaft abgelegt werden muss, wo Fragen gestellt werden dürfen, da wirkt die Angst vor Entdeckung als Leitplanke. Dies ist in Brüssel anders. In den letzten 15 Jahren konnte dort der Rechnungshof der EU noch nie eine Jahresrechnung der Union abnehmen, weil so viele Gelder „verschwanden" bzw. veruntreut wurden. Dies ist ein Vorgang, der in jedem Verein und jeder Aktiengesellschaft undenkbar wäre.

Der Wille zur Machtkontrolle war aber auch ein Vorteil im Wirtschaftsleben. Es wird oft vergessen, dass die Schweiz im Gegensatz zu andern Ländern die soziale Frage früher und besser gelöst hat. Wir haben kaum Streiks und wir hatten kaum Revolutionen. Als man 1874 den Arbeitern dieses Referendumsrecht gab, musste der wirtschaftlich mächtige Fabrikbesitzer mehr Rücksicht nehmen. Wenn nämlich seine Arbeiter gegen Gesetze stimmen, die ihm nützen sollen, dann hat er nichts davon. Die Direkte Demokratie bewirkte mehr produktiven sozialen Arbeitsfrieden satt Arbeitskämpfe, letztlich zum Nutzen aller.

Dank der breiten Schulbildung wurden der Bürger und die Bürgerin befähigt – auch im modernen technischen Leben –, über die Angelegenheiten der Eidgenossenschaft und der Kantone und Gemeinden mitzudenken und mitzubestimmen, und sie kamen mehr und mehr in den Status eines mitgestaltenden Menschen gegenüber dem Mächtigen. Der erwünschte Nebeneffekt war, dass damit das Fundament des heute herausragenden Denk- und Werkplatzes Schweiz gelegt wurde und mit diesen gemeinschaftlich orientierten klugen Köpfen der Aufstieg zur Industrie- und Dienstleistungsgesellschaft leicht fiel.

Oft behaupten in Nachbarländern Gegner der Direkten Demokratie, diese könne in großen Staaten nicht funktionieren. Wir fragen zurück: Warum nicht? Sind die Menschen dort nicht die gleichen? Gibt es denn eine Größe, bis zu der es geht und dann nicht mehr? Uns ist kein solches Experiment bekannt. Viele US-Bundesstaaten, die die Direkte Demokratie praktizieren (z. B. Kalifornien), sind mehrfach größer als die Schweiz. Das Argument ist faul. Direkte Demokratie ist eine Frage der Haltung und nicht der Quadratmeter eines Territoriums.

Neutralität – Humanität und Friedenskonzept

Ein außenpolitisches Kennzeichen der Schweiz ist heute die Neutralität, d. h. das Versprechen, gegenüber allen Staaten nicht aggressiv aufzutreten, keinen Krieg zu beginnen, zu unterstützen oder Kriegshandlungen Dritter auf eigenem Territorium zu dulden. Sie ist deshalb nicht Mitglied eines Militärbündnisses und hat fast als einziges Land in Europa keine kolonialen Eroberungen zu verarbeiten. Vieles was Kant in seiner Schrift *Zum ewigen Frieden* beschrieb, ist in der „ewigen und bewaffneten Neutralität" verwirklicht worden. Sie ist ein hochmodernes, aktuelles Friedenskonzept und es ist schwer verständlich, warum die Linke – wenn sie sich die Humanität auf die Fahne schreibt – nicht dessen Elemente untersucht. Für einen Schweizer gibt es in Kriegen an sich keine gute und keine schlechte Kriegspartei, weil für Schweizer der Krieg als Krieg das Übel ist; er ist ein Ausdruck krankhaften entfesselten Machtstrebens. Anderseits waren die Schweizer nie utopische Pazifisten, sondern sie waren „realistische Pazifisten". Sie hielten sich das Machtstreben der Menschen und seine katastrophalen Folgen stets vor Augen und blieben darum gerüstet und bereit, einem, „der nicht respektieren will, dass wir alleine bestimmen, wie wir leben wollen", bitter entschlossen entgegenzutreten. Die Neutralität ist heute im Volk fest verankert, gegen 80 Prozent wollen sie erhalten. Darum ist der Auslandseinsatz der Armee gesetzlich stark begrenzt. Nur zur Friedensunterstützung (kein Kampfeinsatz) und nur mit UNO-Mandat darf er erfolgen. Da dies in Afghanistan nicht mehr der Fall war, zog die Schweiz dort 2008 konsequenterweise ihre zwei Militärbeobachter ab.

Statt Soldaten bietet die Schweiz heute mit der diplomatischen Institution der *Guten Dienste* allen, die während Konflikten eine Lösung suchen wollen, eine diskrete, sichere Plattform. Damit ist viel erreicht worden, was nie an die große Glocke gehängt werden wird, und die Schweiz erwarb sich das Vertrauen vieler Völker. Doch damit nicht genug. Eine vergleichsweise sehr uneigennützige Entwicklungshilfe und humanitäre Hilfe im Umfang etwa einer Milliarde Franken leistet heute das kleine Land: Weil man an Kriegen nicht teilnahm, entwickelte sich schon früh auch der Gedanke, wenigstens den Opfern der Kriege zu helfen. Daraus entstanden 1864 das Rote Kreuz und die Genfer Konventionen. Die Flagge des Roten Kreuzes ist das Spiegelbild der schweizerischen Flagge, die zur Symbolisierung der neutralen humanitären Hilfe geschichtlich bewusst so gewählt wurde. Das *Internationale Komitee des Roten Kreuzes* (IKRK) hat seinen Sitz in Genf und besteht aus Schweizerbürgern.

Im Sinne eines Zwischenfazits kann man sagen, dass die Schweiz außenpolitisch das Gegenmodell zum Imperialismus ist. Mit der Volksouveränität oder der Direkten Demokratie im Inneren war sie schon immer für Machtmenschen ein Antagonist. Königen und Kaisern passte es nach der Restauration im 19. Jahrhundert gar nicht, dass sich im Zentrum Europas eine Republik entwickelte, die für sie bedrohlich freiheitliche Ideen verkörperte. Das mag auch dazu beitragen, warum Imperien – nicht nur in Amerika – die Schweiz nie geliebt haben. Das ist auch heute so, wo Kommissare meinen, es sei menschengerecht von oben nach unten zu regieren, oder wo Neocons meinen, sie hätten als Elite ein Recht, die Bevölkerung zu täuschen und zu belügen, weil sie nicht in der Lage sind, mit dem Mitbürger in einen mündigen, gleichwertigen Dialog zu treten.

Das Milizprinzip und die ständige Erneuerung

Ein letztes Charakteristikum, das ich erwähnen will, ist das Milizprinzip im Staatswesen. Milizprinzip heißt, dass die Bürger Staatsaufgaben nicht delegieren, sondern selber wahrnehmen. Die Schweiz hat kein Berufsparlament, auf keiner Stufe. Das Parlament tagt vier Mal im Jahr während drei Wochen, wenn es nötig ist, noch einmal zwei Wochen. Dazwischen ist der Parlamentssaal leer. Die Parlamentarierinnen und Parlamentarier üben alle einen eigenen Beruf aus. Das heißt, sie sind im realen Leben verwurzelt. Sie haben Bodenhaftung und spüren, was ihre Entscheidungen als Parlamentarier bewirken. Wegen dieser Rückkoppelung zur Lebenswirklichkeit der Bevölkerung ist dieses Milizprinzip in der Fähigkeit, Lösungen für Probleme zu entwickeln, jedem Berufssystem überlegen. Ein Parlament, das aus allen Schichten von Berufstätigen zusammengesetzt ist, bringt bessere Lösungen zustande.

Und genau so ist es auch in der Armee, in der Schulpflege, im Gerichtswesen (Laienrichter), überall. Der Bürger delegiert z. B. die Sicherheit nicht an ein stehendes Heer, der Bürger nimmt diese Aufgabe selber wahr, weil er das so will und weil es so auch die bessere Armee gibt und bessere Resultate in der Wirtschaft. Das ist heute längst wissenschaftlich bestätigt.[3] (Nebenbei: Obwohl es kein stehendes Heer gibt, das gegen die eigenen Bürger eingesetzt werden kann, hätte das Land im Kalten Krieg innerhalb zweier Tagen aus der Bevölkerung von sechs Millionen 700.000 Mann mobilisieren können, ausgerüstet, ausgebildet und wehrwillig.)

---

3   *Die Direkte Demokratie: Modern, erfolgreich, entwicklungs- und export-fähig* von Prof. Dr. Gebhard Kirchgässner, Lars P. Feld und Marcel R. Savioz, Universität St. Gallen ISBN 978-3-8006-2517-8

Weil dieses Schweizer Modell sich ständig erneuern kann, gab es in der Schweiz de facto keine Revolution, dafür eine große Zufriedenheit und Identifikation der Bevölkerung mit dem Staat. Und es gibt keine Regierungskrisen und keine dramatischen Rücktritte, weil fortlaufend politisch alles erneuert werden kann, was erneuert werden muss, und weil das, was vorliegt, von den Bürgern getragen wird. Hier wurzelt die sprichwörtliche Stabilität der Schweiz. Die Regierung hat keine Angst vor den Gewehren der Bürger, die Regierung tut, was die Bürger wollen. Gewalt ist innerstaatlich deshalb nicht nötig. Darum haben die Angehörigen der Armee ihre Waffen zuhause – wie seit Jahrhunderten. Der Staat ist das organisierte Gemeinwohl und kein Gegenpol zum Bürger.

Zum Prinzip der Freiheitlichkeit gehört die persönliche Eigenverantwortung. Wir sehen uns nicht als „staatsabhängige Bürger", wir beziehen wenig Sozialleistungen. Dazu gehört auch, dass der Staat schlank bleibt. Wir stimmen über unsere Steuern oder über Steuererhöhungen selber ab. Trotzdem sind die Schweizer solidarisch und sozial. Erst neulich wurden an der Urne Steuern für die Invalidenversicherung erhöht, obwohl bekannt war, dass noch Missbrauch einzudämmen wäre.

Empirische wissenschaftliche Studien zeigen, dass Direkte Demokratie den Staat billiger macht.[4] Wir geben dem Staat soviel, wie wir denken, dass er brauchen soll. Weil wir uns viel besser mit unserem Staat identifizieren, bezahlen wir unsere Steuern, und deshalb ist bei uns Steuerhinterziehung und Schwarzarbeit kein großes Thema und kein Verbrechen sondern nur eine administrative Sache. In welchen anderen Staaten können Bürger über Steuern bestimmen, und wo müssen sich Verwaltungen direkt gegenüber den Bürgerinnen und Bürgern verantworten?

---

4   *Bremse oder Gaspedal? Eine empirische Untersuchung zur Wirkung der Direkten Demokratie auf den Steuerstaat* von Markus Freitag, Adrian Vatter und Christoph Müller, VS Verlag für Sozialwissenschaften, ISSN 0032-3470

Es gibt wissenschaftliche Studien über das Lebensglück und das Wohlbefinden, die zeigen, dass man in der Schweiz wegen des Ausmaßes der politischen Mitbestimmungsmöglichkeiten und der politischen Dezentralisation (Gemeindeautonomie) glücklicher ist und sich weniger ohnmächtig fühlt. Darum kommen die Wissenschaftler auch zum Schluss, „es sollte alles versucht werden, die direkten Mitwirkungsrechte der Bürger zu stärken und die Entscheidungsrechte weitgehend zu dezentralisieren".[5]

Die menschlichen Voraussetzungen

Die menschlichen Elemente, die Kultur sind gewissermaßen die Software zur Hardware. Die Schweizer haben menschlichen Respekt voreinander. Die „Genossen" hören einander mehr zu, wenn es darum geht, Sachfragen zu lösen. Es geht nicht darum, brillante rhetorische Debatten zu fechten. Darum befremden uns zuweilen die Töne, die wir z. B. aus dem *Deutschen Bundestag* hören. Der Eidgenosse weiß, dass bisweilen gute Ideen von unerwarteter Seite eingebracht werden. Man darf sie aufgreifen und weiterentwickeln. Eine Idee darf reifen, als Produkt der Denkkraft vieler. Darum sind wir auch nicht so hektisch und nicht so schnell. Wir wissen, dass gute Lösungen ein Gewinn sind für die Zukunft. Wenn eine Lösung von allen getragen wird, gibt es kein Hüh und Hott, das Kräfte kostet. Darum eilt es uns nicht. Geschwindigkeit ist kein Wert per se. Darum machen wir manche Modetrends nicht mit und lassen andere davonziehen, um sie später zu überholen, wenn sie mit Reparaturarbeiten unausgereifter Lösungen beschäftigt sind.

Ein weiteres menschliches Element ist, dass Schweizer – unabhängig von der Parteipolitik – eher fähig sind, Sachfragen ins Zentrum zu stellen. Vier Mal im Jahr, also in einem

---

5   *Happiness: The Economic Analysis/Glück: Die ökonomische Analyse* von Bruno S. Frey, Alois Stutzer, *Institute for Empirical Research in Economics*, University of Zurich, Working Paper Series ISSN 1424-0459

fortdauernden, anspruchsvollen politischen Prozess – mehr als 200 Mal seit dem II. Weltkrieg – muss sich der Stimmbürger an der Urne zu Fragen äußern: Will er dieses AKW, oder will er es nicht? Will er die Armee abschaffen, oder will er das nicht? Will er diese Steuer erhöhen, jenes Spital erweitern, alternative Energien fördern und die Altersversorgung so oder anders regeln, ein Ausländergesetz verschärfen, Genfood zulassen? Die Schweizerinnen und Schweizer sind dazu wohl die bestinformierten und politisch aktivsten Zeitgenossen Europas. Die Sachfrage steht im Zentrum, Vor- und Nachteile müssen durchdacht werden. Die Voraussetzung dazu ist eine gute Schulbildung. Eine, wie sie dem Empire genügt, die den Einwohner nur befähigt zu konsumieren, reicht nicht. Der Bürger muss dialogfähig sein, was in der globalen Welt so oder so unabdingbar ist. Er muss Sachfragen von großer Tragweite verstehen können. Diese Aufgabe ist anspruchsvoll und permanent neben dem Berufsalltag zu bewältigen. Es gehen jeweils zwischen 30 und 65 Prozent der Stimmberechtigten an die Urne. Die hohe Schul- und Berufsbildung ist also nicht ein wirtschaftlicher Standortvorteil, sondern eine staatspolitische Notwendigkeit, mit willkommenem Nebeneffekt für die Wirtschaft. Die gute Bildung ist heute ein wichtiger Standortfaktor. Unternehmen siedeln sich deshalb in der Schweiz an, weil die Arbeitskräfte besser ausgebildet sind, selbstständiger mitdenken, weniger krank machen und weniger Ferien fordern.

Wir widmen uns als Bürger viermal im Jahr den öffentlichen Angelegenheiten und Abstimmungen. Es berührt uns Schweizer darum unangenehm, wenn die Abstimmungsresultate vom Ausland her ohne Sachkenntnis kommentiert werden. Wir sind es gewohnt, dass Abstimmungsergebnisse analysiert werden, um die Gründe des Souveräns zu erfahren. Infragegestellt werden sie nicht, sondern umgesetzt von der Regierung und akzeptiert von den Verlierern; man reicht ihnen die Hand für die weitere politische Zusammenarbeit.

Giftiges Pawlowsches Gebell aus anderen Hauptstädten, wir hätten „falsch abgestimmt", möge man sich daselbst abtrainieren. Es ist respektlos gegenüber der Volkssouveränität, eine Einmischung in die inneren Angelegenheiten unseres Landes und ein Verstoß gegen das *Selbstbestimmungsrecht der Völker,* wie es verankert ist in der UNO-Charta (Art 1 Abs. 2 und Art. 7 Abs. 4 und 7) sowie im UNO-Pakt über bürgerliche und politische Rechte (Art. 1).

Wir haben nämlich schon mehr als eine Reifeprüfung bestanden und bewiesen, dass die gut ausgebildeten, mitdenkenden und mitfühlenden Bürgerinnen und Bürger in der Lage sind, das Land vor -ismen aller Art zu schützen. Die Schweizer erhalten ihre Identität. Extreme haben keine Chancen. Während der Zeit Hitlers fanden in der Schweiz mehrmals Parlamentswahlen statt. Von 1933 bis 1945 wurde nur einmal ein einziger Abgeordneter der schweizerischen Nazipartei für vier Jahre ins 240-köpfige Parlament (*Bundesversammlung*) gewählt. Gewusst? Und verstanden?

Doch zurück zu den nötigen menschlichen Elementen. Eines ist das Verantwortungsgefühl, etwas gemeinsam zu lösen. Wer über eine Sache abgestimmt hat, trägt sie mit, verantwortet sie gemeinsam und trägt auch dazu Sorge. Darum sind viele erstaunt, dass bei uns gewisse staatliche Dinge viel billiger sind als bei ihnen. Ganz einfach deshalb, weil die Beteiligten dazu Sorge tragen und mitdenken. Das beginnt beim Schulmobiliar, beim Feuerwehrauto der Gemeinde und zieht sich durch alles durch. Weil das „unser Eigentum" ist, tragen wir dazu Sorge. Und darum ist die Direkte Demokratie nicht nur besser bei der Lösung von Problemen, sondern die Lösungen sind – dank der Bürgertugenden – auch noch kostengünstiger.

Das alles geht nicht ohne Aufrichtigkeit, womit ich zurück zum Anfang komme, zum Eid. Ohne Vertrauen und Ehrlichkeit funktioniert dieses System nicht. Das ist eine Achillesferse, aber nur auf den ersten Blick: Man kann eine Direkte Demokratie manipulieren, oder man kann es versuchen. Es kann auch glücken, zumindest eine Weile lang. Früher oder später wird dies aber durchschaut und dann korrigiert. Und damit sind wir wieder bei diesem selbstkorrigierenden Mechanismus im Ganzen. Diese Mitbestimmung ist auch der Haupthinderungsgrund, der EU beizutreten. Die Bevölkerung kann sich nicht vorstellen, diese Rechte des Mündigen nach über 700 Jahren wieder abzugeben.

Gerne lade ich Sie ein, sich mit den Aspekten der Idee, des Erfolgsmodelles Schweiz zu befassen. Vieles hat sich bewährt, vieles führt zu guten Lösungen, macht die Menschen glücklicher, verhindert Machtmissbrauch, verschlankt den Staat, hält die Steuern tief und ist in der Wirkungsweise durch die erwähnten wissenschaftliche Studien belegt. Eine Auseinandersetzung mit den Bürgertugenden und dem zugrunde liegenden Menschenbild wird dem Leser und der Leserin zeigen, ob sich Elemente finden, die für die Lebensrealität des eigenen Umfeldes sinngebend und vorteilhaft adaptiert und getestet werden können.

Vortrag, gehalten am Kongress Mut zur Ethik *2009, 4.9.2009, Feldkirch (A) (Leicht ergänzt und überarbeitet). Matthias Erne ist Rechtsanwalt in Zürich.*

Nicolas G. Hayek

WARUM WIR DER EU NICHT BEITRETEN MÖCHTEN

Warum möchte die Mehrheit der Schweizer Bürgerinnen und Bürger – die echtesten und typischsten Europäer – der *Europäischen Union* nicht beitreten? Sollten wir beitreten oder nicht?

Exzellenzen, meine Damen und Herren,
Herr Botschafter Lazar!

Als Botschafter Lazar mich bat, das Wort an Sie zu richten, um Ihnen zu erklären, „warum die Mehrheit der Schweizer Bürger der *Europäischen Union* nicht beitreten möchte", entschied ich mich, seiner Einladung im Geiste eines Beitrages zu einem besseren Verständnis zwischen der *Europäischen Union* und dem durchschnittlichen und konstruktiven Schweizer Bürger, den ich heute zu vertreten suche, Folge zu leisten. Bitte erachten Sie meine Ausführungen nicht als Präsentation wissenschaftlicher Forschung, sondern als die Ansichten und Positionen eines Schweizers, der zu der von mir erwähnten Mehrheit gehört.

Bei ihrer Gründung im Jahre 1957 und für viele weitere Jahre erachtete ich das, was nun die *Europäische Union* geworden ist, als eine großartige und wunderbare Leistung. Ich war damals ein relativ junger Mann. Viel später lud mich Jacques Delors, damaliger Präsident der EG-Kommission und ein leidenschaftlicher Europäer, regelmäßig in sein Büro in Brüssel ein. Ich diskutierte zunächst mit ihm alleine und später zusammen mit vielen Europäern, damals vor allem deutschen und französischen Industriellen und Unternehmern. Die Diskussion drehte sich um die Frage, wie sie die japanische Konkurrenz, damals Japan Incorporated [deutsch: Japan AG] genannt, überwinden könnten, und zwar ohne finanzielle Hilfe der Regierung oder der *Europäischen Union*, so wie wir das in der Schweiz mit der Uhrenindustrie erreichten, die damals massiv unter Druck der japanischen Uhrenindustrie stand. Jacques Delors nannte meine Auftritte immer „L'histoire de la montre" – die Geschichte der Uhr.

An vielen dieser Treffen wiederholte er auch, dass ich, der Schweizer, für ihn der typischste und wahrhaftigste Europäer sei – auf Grund meiner Sprachkenntnisse und des tiefen kulturellen Verständnisses für die verschiedenen europäischen Unternehmer an diesen Treffen. Das denkwürdigste dieser Treffen fand in Evian statt, mit den Spitzen der Industrien aus Deutschland und Frankreich. Es war ein unvergessliches Erlebnis für mich. Damals träumten wir – zumindest weiß ich, dass ich das tat – das Ziel Europas sei, eine große Schweiz zu werden. Nicht so sehr, weil ich dachte, die Schweiz sei die ideale Version des Paradieses, aber weil ich überzeugt war, dass dies, bei allen Schwächen, die beste aller möglichen Alternativen für Europa wäre, um eine wunderbare, gemeinsame Zukunft zu erreichen und gleichzeitig seine reiche Vielfalt und überwältigenden Kulturen zu erhalten. Es sollte eine gemeinsame Zukunft nicht nur für seine eigene Bevölkerung, sondern ein überzeugendes Beispiel für eine demokratische und friedliche Entwicklung für alle Völker des Planeten sein. Tatsache ist, dass Jean Monnet und Robert Schumann zu Beginn erklärten, dass die Schweiz ein Modell für eine zukünftige EU sei: „La Suisse représente un modèle pour l'Europe" – die Schweiz stellt ein Modell für Europa dar. Joschka Fischer, Jacques Chirac, Göran Persson und auch Vaclav Havel haben das in den letzten Jahren wiederholt. Übrigens – welch ein Zufall, dass Monnet, dieser hochgeachtete Europäer, am 16. März, heute vor genau dreißig Jahren, starb.

Meine Verbindungen zur EU in Brüssel fanden später ihre Fortsetzung zum Beispiel mit Romano Prodi, den ich kannte und der mich auch in manchen Kommissionen nach meiner Meinung fragte. Die Harmonisierung und Verbesserung der wirtschaftlichen und teilweise auch finanziellen Sektoren in Europa haben mich bisher nicht enttäuscht, auch wenn sie noch weit davon entfernt sind, perfekt zu sein. Der Umstand, dass die Kriege zwischen diesen großen Nationen, Frankreich, Deutschland und Großbritannien, die Europa verwüstet und die übrige Welt erschüttert haben, ein für alle Mal beendet wurden, ist zweifellos die großartigste und bedeutsamste Leistung der Europäischen Gemeinschaft.

Aber der Fortschritt bei der Gestaltung der Strukturen kam plötzlich zum Stillstand. Die EU führte den Prozess zur Bildung einer starken, demokratischen und friedlichen Gemeinschaft, die für jedes wichtige Segment unseres Lebens und unserer Gesellschaft die emotionale Teilnahme und Hingabe jedes Bürgers oder zumindest einer Mehrheit ihrer Bürger einbezog, nicht weiter. Zu der Zeit war die Zahl der Mitgliedsländer begrenzt, was diesen wenigen Nationen erlaubt hätte, einen Bundesstaat ähnlich der Schweiz oder den Vereinigten Staaten zu bilden. Diese Entwicklung kam zum Stillstand, weil die Fragen und Probleme, die damit einher gingen, nicht leicht zu lösen waren zwischen Politikern und Nationen, die nicht bereit waren, einen bedeutenden Teil ihrer Souveränität und schon gar nicht ihre Privilegien aufzugeben.

Anstatt sich in die wichtigen Probleme, wie die Zukunft entwickelt und gestaltet werden könnte, zu vertiefen, entschieden sie sich, an der Oberfläche zu arbeiten und so viele Länder wie nur zu finden waren, hinzu zu nehmen ... und das, ohne die Völker derjenigen Länder, die die erste Phase Europas schufen, zu fragen, ob sie einverstanden seien oder nicht. Offensichtlich war es für das politische Establishment sehr wichtig, so viele Millionen und Abermillionen von Menschen und so viele Länder wie möglich in ein Europa einzubinden, das – außer in ein paar beschränkten Bereichen des politischen Systems – noch nicht einmal definiert war. Der wichtigste Antrieb für diese Länder war die Möglichkeit, aus wirtschaftlichen und finanziellen Vergütungen Profit zu schlagen. Diese Erweiterung wäre mehr als willkommen gewesen, nach der Ausarbeitung der Struktur eines mehr oder weniger föderalen Europas. Zu diesem Zeitpunkt zerschlugen sich meine Hoffnungen auf ein baldiges, starkes, mächtiges, demokratisches und friedliches Europa ... ein Europa, das helfen würde, die Lebensqualität für diese ganze Welt, für uns alle zu verbessern.

Es erschien uns dann als schwerfällige, bürokratische und mehr oder weniger chaotische Mischung von ideologischen, sozialen, wirtschaftlichen und zum Teil finanziellen Konzepten, während alles andere dem Zufall, Gott und künftigen Generationen überlassen wurde. Dies schließt natürlich die Möglichkeit, dass die EU – wie die meisten außergewöhnlichen menschlichen Konstruktionen – im 22. oder 23. Jahrhundert zu einem fantastischen Erfolg wird, nicht aus, aber ich hoffe, dass das viel früher, in diesem Jahrhundert noch geschehen wird.

Der Euro als Währung ist ein deutliches Beispiel für eine weitere gute Leistung, die effizient, aber nicht vollständig umgesetzt wurde. Großbritannien zum Beispiel lehnte es ab, den Euro zu übernehmen, es wäre aber in der Lage gewesen, das zu tun, während viele andere Länder wirtschaftlich nicht in einer Lage waren, sich dem Währungssystem anzuschließen. Daher hat die *Europäische Union* eine starke Währung für ein paar Länder, aber nicht für alle. Übernehmen die finanziell schwächeren Länder in der gegenwärtigen Krise den Euro, könnten sie zu einer Belastung im Sinne der Unterstützung werden. Dennoch ist der Euro als solcher so weit eine der besten Leistungen der EU und kann als Erfolg betrachtet werden.

Aber wie steht es mit der Vereinheitlichung sehr wichtiger Entscheidungen bezüglich Außenpolitik, Verteidigung und Krieg? Für einen Schweizer Bürger ist es absolut unbegreiflich, dass ein Teil Europas ohne Zögern die Politik der Bush-Administration unterstützte und sich den Vereinigten Staaten im Krieg gegen den Irak anschloss. Großbritannien, Spanien und andere europäische Länder entsandten Truppen für das Gefechtsaufgebot des US-Militärs, während Frankreich, Deutschland und andere eine Beteiligung gänzlich ablehnten. Für uns war das ein Beispiel einer schwachen gemeinsamen Außenpolitik.

Darüber hinaus – und gegen die Wünsche Deutschlands und Frankreichs – unterzeichneten andere Länder zum Beispiel ein Abkommen mit der US-Regierung, das den USA oder der NATO erlaubte, Radar- und Raketensysteme in ihren Ländern zu installieren, die offiziell gegen Iran gerichtet waren. Russland erachtete diese Einrichtungen als Bedrohung seines Territoriums. Auch in diesem wichtigen Punkt gelang es den Mitgliedern der *Europäischen Union* nicht, sich zu einigen. Die Außenpolitik ist nicht sichtbar, nirgends. Sie ist alles und nichts, und die Gewichtung für uns alle ist bedauerlicherweise schwach.

Die *Europäische Union* mit so vielen einzigartigen und starken Ländern hätte das ganze System festigen können, wenn sie einen Konsens erreicht hätte, sich über eine klar definierte Richtung, die sie in Europa und der übrigen Welt gehen wollte, geeinigt und die Ziele bestimmt hätte, die sie für alle wichtigen Aufgabenbereiche, Erfordernisse und Wünsche unserer menschlichen Gesellschaft und unserem politischen System anstreben möchte.

Vor alledem aber beschloss die *Europäische Union* die größtmögliche Erweiterung dieses unvollständig definierten Systems, indem sie verschiedene Länder zum Beitritt einlud – teilweise auch solche im Nahen Osten. Nach dem möglichen Beitritt der Türkei würde das eine Ausweitung bis an die Grenzen von Syrien, dem Irak und Iran bedeuten. Ist das Ziel der EU, ihre Tore für eine zukünftige und vielleicht viel stärkere und funktionsfähige Europäische und Mittel-Ost-Union zu öffnen? Man vergesse nicht, dass Zypern nur wenige Kilometer vor Libanon liegt, in dem unzählige europäische Kreuzfahrer einst Zuflucht nahmen. Gehen wir einen Schritt weiter, könnte man den ganzen Nahen Osten und Israel einbeziehen und befrieden, indem Israeli und Palästinenser Teil der EU wären. Was für eine wunderbare Leistung wäre das für die ganze Welt. Gibt es irgendeinen stichhaltigen Grund, diese Entwicklung zu beenden? Nicht nur einige Schweizer, sondern auch viele Europäer haben sich dieselbe Frage gestellt.

Bis dahin aber lassen Sie uns wieder auf den Boden der Realität zurückkommen. Soweit ich weiß, gehören die Schweizer zur bestinformierten Bevölkerung, was Rolle und Aktivitäten der *Europäischen Union* anbelangt. Ich beziehe mich auf einen interessanten Artikel, den Andreas Gross, Mitglied unseres Parlaments und Schweizer Bürger, in der *Neuen Zürcher Zeitung* am 6. Februar 2009 publizierte – nur zwei Tage bevor das Schweizer Volk verschiedene Abkommen (unter anderem den freien Personenverkehr für die neuen EU-Bürger) annahm und damit seinen Willen bekundete, auf dem bilateralen Weg weiterzugehen, statt der EU beizutreten: In der Schweiz gab es mehr Volksbefragungen oder Abstimmungen über Europa als in jedem anderen europäischen Land. Im Laufe der letzten Jahrzehnte sind in verschiedenen europäischen Ländern viele Abstimmungen – mehr als 50 – durchgeführt worden. Die sechs Gründungsmitglieder der 1957 gegründeten *Europäischen Union* oder Gemeinschaft aber haben ihre Völker nie nach ihrer Zustimmung über die Gestaltung der *Europäischen Union* befragt, einzig Großbritannien tat dies erfolgreich 18 Jahre später, 1975. Im Jahre 2005, 48 Jahre später, befragte Frankreich seine Bürger, ob sie die Europäische Verfassung annehmen möchten. Sie lehnten das ebenso ab wie später die holländischen Bürger und zuletzt die Iren im Jahre 2008. Auf Grund ihres direktdemokratischen Systems sind die Schweizer Wähler, so wie jene in Dänemark, die bestinformierte Bevölkerung Europas, was die Angelegenheiten der EU betrifft. Lassen

Sie uns also herausfinden, warum die Mehrheit der Schweizer Wähler einen EU-Beitritt ablehnt.

Abgesehen von den bereits erwähnten Tatsachen ist all den Erklärungen, Abkommen und Entwicklungen, die wir bisher gesehen haben, keine klare Vision von der Zukunft Europas zu entnehmen. Die Schweizer haben keinen sozialen, politischen, wirtschaftlichen oder finanziellen Anreiz zum Beitritt – im Gegenteil sind und werden sie gezwungen sein, große Beiträge in die Kassen der EU zu leisten. Bundeskanzler Helmut Kohl, für den ich als Mitglied seines Rates für Forschung, Technologie und Innovation für die Zukunft Deutschlands und Europas tätig war, beehrte mich mit einem privaten Besuch in der Schweiz. Während dieses Besuches sagte er: „Nicolas Hayek, Sie haben einige Glaubwürdigkeit bei der Bevölkerung in der Schweiz. Warum helfen Sie uns nicht, sie davon zu überzeugen, der EU beizutreten?" Ich antwortete: „Herr Bundeskanzler, warum ist es für die EU so wichtig, die winzige Schweiz – siebeneinhalb Millionen – dabeizuhaben?" Seine Antwort kam ohne Zögern und schneller als eine Gewehrkugel: „Weil ihr verdammt viel Geld habt, das wir gut verwenden können."

Schweizer Kultur, Mentalität und Erziehung spielen bei der natürlichen Reaktion auf die EU, wie wir sie heute erleben, eine große Rolle. Die Schweizer Gesellschaft ist eine, die Macht und Gewalt völlig verachtet, auch Gewalt durch Macht. Es ist eine Gesellschaft, die den Frieden liebt und absolut gegen physische Gewalt ist. Eine Konzentration von zu viel Macht bei einer Person oder politischen Partei zum Beispiel wird nicht toleriert. Christoph Blocher von der *Schweizerischen Volkspartei* ist vielleicht ein typisches und das offensichtlichste jüngste Beispiel. Seine Partei hat die meisten Wählerstimmen in der Schweiz. Er war weit herum als effizienter *Bundesrat* (Minister) anerkannt, aber bei seinem Versuch, zu viel individuelle Macht zu kumulieren, wurde er durch *Nationalrat* (Volksvertretung) und *Ständerat* (Vertretung der Kantone) abgewählt. Freiheit und persönliche Freiheit für jedermann sind seit den

Anfängen des Landes im 13. Jahrhundert in der Schweizer Seele verankert – lange bevor die Französische Revolution sie in den Vordergrund rückte. Die persönliche Freiheit des Bürgers ist oft wichtiger als die des Staates. Um es deutlicher zu sagen: Der Staat hat dem Bürger zu dienen und nicht der Bürger dem Staat. Sie sind Teil der wesentlichen Grundsätze, welche die Schweizer hoch schätzen. Es ist kein Zufall, dass Voltaire und viele andere in die Schweiz flohen, um frei schreiben und reden zu können. Das liegt wohl der reichen Tradition politischer und finanzieller Zuflucht (wie dem Bankgeheimnis) zugrunde, ein Recht, das die Schweizer so hochhalten.

Vergessen Sie nicht, dass es auch ein Schweizer war, der die Rotkreuz-Bewegung ins Leben rief. Henri Dunant konnte nicht akzeptieren, was er Ende des 19. Jahrhunderts auf den europäischen Schlachtfeldern bei Solferino in Italien gesehen hatte. Das *Rote Kreuz* ist eine typische Schweizer Schöpfung, und die Wirkung, die es hat, kann sich nur entfalten, weil die Schweiz weltweit als wirklich neutral erachtet und anerkannt ist. Was noch wichtiger ist: Sie wird als vollkommen demokratisch und die Menschenrechte achtend angesehen.

Darf ich Sie auch daran erinnern, dass die winzige Schweiz auch eine beträchtliche Industriemacht mit einer der stärksten Währungen ist. Sie ist auch eine Finanzmacht, und das wird aller Wahrscheinlichkeit nach auch in nächster Zukunft so bleiben, selbst wenn die Gesetze zum Bankgeheimnis substantiell modifiziert oder im unwahrscheinlichen schlimmsten Fall gar abgeschafft würden. Die starke Währung und die politische Stabilität zusammen mit dem zutiefst demokratischen und neutralen Umfeld werden die Botschaft des sicheren Hafens einer Schweiz mit einer ehrlichen und von illegalen kriminellen Exzessen befreiten Finanzbranche konsolidieren.

Im Unterschied zu vielen, aber nicht nur europäischen Ländern, hatte das Land außerdem nie das Bestreben, in fremde

Länder in Afrika, Asien, Südamerika oder sonst wo einzufallen, um Kolonien zu bilden. Nicht nur Großbritannien, Frankreich, Deutschland, Italien, Spanien und Portugal, sondern auch Holland und Belgien waren in die Bildung von Kolonien verwickelt und haben weit entfernte Länder für viele Jahre besetzt. Die Schweizer haben es nie als erstrebenswert erachtet, Kolonien zu haben, dies auch, weil die Schweizer Mentalität und Gesellschaft die Menschenrechte und die Integrität und Souveränität jeder Person und Gemeinschaft in der Welt in hohem Maße echt und grundlegend respektiert. Länder, die früher Kolonien hatten, haben die Menschenrechte zwar auch geachtet, aber sie haben die Kolonien zu der Zeit unter einem andern Gesichtspunkt betrachtet.

Das ist der Grund für die Beliebtheit und den positiven Ruf der Schweiz unter den neuen Ländern. Das führt uns zu unserer Neutralität. Auch wenn unsere Kultur derjenigen unserer Nachbarn und Verwandten in Frankreich, Deutschland, Österreich und Italien (es gibt kaum einen Schweizer, der nicht Verwandte in Europa hat) wirklich sehr ähnlich, wenn nicht gleich ist, ist die Schweiz seit 1815 neutral, sie gehört nicht zur NATO oder irgendeinem anderen Militärbündnis. Die Schweiz ist eines der sehr wenigen Länder, die in der Lage waren, Minderheiten ohne Vorbehalt und Kompromiss mit genau denselben Rechten und Möglichkeiten zu integrieren. Wenn Sie das Tessin nehmen, den Italienisch sprechenden Teil der Schweiz, und in einem Rückblick schauen, wie viele Bundesräte aus diesem Teil unseres Landes stammten, werden Sie über die eindrückliche Zahl staunen. Ohne jede Übertreibung können wir wohl behaupten, dass die Minderheiten in der Schweiz eigentlich oft mehr Rechte haben als die Mehrheit. Wir neigen dazu, dies positive Diskriminierung zu nennen.

Ein weiteres Charakteristikum der Schweizer Gesellschaft ist, dass die Schweizer kein Bedürfnis haben, einen Personenkult um ein Individuum zu schaffen oder einen Politiker zu verehren, eine Superbundesrätin oder einen Superbundesrat zu küren. Dominante Persönlichkeiten machen die Schweizer misstrauisch. Sie akzeptieren und wählen intelligente, erfahrene, tüchtige Bürger, die ihre Pflichten so ehrlich wie möglich erfüllen, die das Geld der Steuerzahler sorgsam ausgeben und einsetzen. Deshalb sind unsere Steuern im Allgemeinen tiefer als in vielen unserer Nachbarländer, obwohl unsere Investitionen in unsere sozialen Einrichtungen und unsere Infrastrukturen höher oder mindestens ebenso hoch sind wie die unserer Nachbarn. Die Schweizer nutzen ihre demokratischen Stimm- und Wahlrechte jedes Mal, wenn wichtige Entscheidungen auf Gemeinde-, Kantons- oder Bundesebene anstehen. Das ist Direkte Demokratie. Die Steuern müssen vom Steuerzahler festgelegt oder angenommen werden. Wenn es zum Beispiel um das Budget geht, verfügen wir über ein recht gut funktionierendes Kontrollsystem, auch wenn wir nicht behaupten können, dass alles unter Kontrolle sei oder Verschwendung nicht existiere. Auch wir haben diesbezüglich unsere Probleme.

Während meines ganzen Berufslebens habe ich gewisse destruktive und/oder illegale Aspekte des Banken- und Finanzsystems offen kritisiert. Ich habe diese Dinge regelmäßig auch in Reden und Interviews in der Schweiz und im Ausland kritisiert. Ich gehöre zu den Schweizern, die über die Jahre ein gesundes Misstrauen gegenüber einem großen Teil der weltweiten Finanzwirtschaft im allgemeinen und natürlich auch spezifischer gegenüber demjenigen in der Schweiz, in den USA und in Großbritannien bewahrt haben.

Viele Schweizer haben allerdings kein hoch entwickeltes Empfinden für Verbrechen, wenn es um die Deklarierung von jedem Stückchen steuerbaren Einkommens geht. Sie tendieren eher dazu, das als kleinere widerrechtliche Übertretung zu betrachten, als „Kavaliersdelikt". Das durchschnittliche Schweizer Regierungsmitglied, ich wiederhole es, behandelt und verwaltet das Geld des Steuerzahlers, als wäre es sein eigenes, auf sparsame Weise. Die Schweizer schätzten die heuchlerischen Ausschweifungen der Vögte und Provinzstatthalter während Jahrhunderten gar nicht, die darauf bestanden, soviel Steuern wie nur irgend möglich von ihren Untertanen einzutreiben, wenn nötig auch mit brutaler Waffengewalt, und diese Steuern gegen die Interessen ihrer Untertanen verwendeten. Hier denke ich zum Beispiel an Wilhelm Tell, den Schweizer Nationalhelden aus einem Drama, das der Deutsche Friedrich Schiller schrieb.

Und deshalb wurde eine – lassen Sie uns sagen „vergessene" – Steuerdeklaration als eine vergleichsweise geringfügige illegale Handlung betrachtet, ohne dass man den Verdacht gehegt hätte, es könnte sich um eine ernsthafte kriminelle Handlung handeln, wie sie offenbar vor kurzem von wenigstens einer wichtigen Schweizer Bank begangen wurde. Die Schweiz oder wenigstens einige Beamte behaupten jedoch, dass die Schweizer Bürger diejenigen mit der prozentual geringsten Steuerhinterziehung seien, verglichen mit den Bürgern aller anderen Industrienationen. Für jeden Schweizer ist es ganz natürlich, dass jeder Fall von Steuerhinterziehung, auch wenn die Angaben „aus Bequemlichkeit" vergessen wurden, bestraft werden sollte. Andererseits sollte die Bestrafung gleichmäßig und dem „Verbrechen" angemessen ausfallen, und nicht übertrieben und zu einer Dimension aufgeblasen werden, die es nicht verdient. Wie wir alle wissen, gewinnt diese Situation im Moment eine starke kontroverse Dynamik. Der Schutz der Privatsphäre vor der grenzenlosen Neugierde der Regierungen ist legitim und wird von den Schweizern als ein äußerst wichtiges Gut angesehen, aber nicht nur von ihnen. Andere europäische Länder sind in letzter Zeit auf der Seite der Schweiz ebenfalls in den Kampf darum eingetreten. Nicht nur gibt es in der Schweiz keinen Personenkult um eine Superfrau oder einen Supermann, die Schweizer Regierung hat auch absolut keine Orden oder andere Dekorationen zu vergeben, um ihre Bürger für herausragende Leistungen zu ehren. Allerdings gibt es Schweizer Bürger, die stolz sind, von ausländischen Regierungen Auszeichnungen zu erhalten. Die Schweizer Regierung ist eine der stabilsten in der Welt. Es sind praktisch alle wichtigen Parteien beteiligt, und daher hat sie eine hohe Akzeptanz in der Schweizer Bevölkerung.

Sie arbeiten alle zusammen, auch in Konfliktsituationen, und so ist es bemerkenswert, dass sie trotz unterschiedlicher Vorstellungen eine Vereinbarung, einen Kompromiss erzielen. Wir nennen es „Konkordanz". Es funktioniert nicht immer so, wie einige Leute das gern hätten, aber zum Schluss gibt es eine Lösung, die immer von allen demokratisch akzeptiert wird, obwohl vielleicht manchmal ein bisschen widerwillig oder zähneknirschend. Die Entscheidung des Volkes wird von allen respektiert, ich wiederhole, von allen, sogar von dem eingebildetsten Bundesrat oder Präsidenten.

Die Schweizer haben eine bemerkenswert starke Währung. Die Schweiz übt in Gelddingen eine Disziplin, die den Schweizerfranken zu einer der zwei oder drei stabilsten Währungen in der Welt machen, ja sie ist sogar die Währung, die in der modernen Welt während dem längsten Zeitraum am stabilsten gewesen ist.

Auch haben wir eine erstaunliche Fähigkeit zu verhandeln und Kompromisse zu finden. Das ist einer der zentralen Gründe für die Stabilität unseres politischen und sozialen Systems, dass wir immer akzeptable Kompromisse für alle finden, ohne dass wir einen inneren Krieg ausfechten müssen. Das zeigt sich, wie ich schon erwähnte, in der „Konkordanz". Oder in unseren Beziehungen zu den Gewerkschaften, mit denen wir eine Vereinbarung getroffen haben, nach der Streiks – zerstörerisch für die Wirtschaft und die Arbeiterschaft und eine Störung für das Publikum – fast nicht vorkommen. Es ist eine einmalige Erfahrung, an harten Verhandlungen beteiligt zu sein, in denen die Positionen am Anfang meilenweit voneinander entfernt waren. Nach ein paar Wochen oder Monaten mit Gesprächen sind jedoch alle mehr oder weniger glücklich einverstanden.

Das Ergebnis ist ein besseres und höheres Einkommen für alle als in den meisten anderen Ländern, und ein hoher Lebensstandard für praktisch alle Menschen. Das schafft eine Brücke zwischen den sozusagen nicht existierenden Stufen der Schweizer Gesellschaft, die erstaunlicherweise kein Proletariat kennt, keine großen sozialen Unterschiede zwischen ihren Menschen. Egal wie hoch oder tief unser Einkommen ist, wir fühlen uns alle sehr gleichwertig und betrachten uns als Vollmitglieder unserer Gesellschaft. Das mag vielen jungen Bürgern langweilig erscheinen, aber für die Stabilität und Gesundheit der Nation ist es wichtig zu wissen, dass schlussendlich Gewalt niemals nötig ist, um zu einer akzeptablen Lösung zu kommen.

Die Schweizer sind globaler eingestellt als die meisten Angehörigen anderer Nationen. Auf Grund ihrer Erziehung, der Schweizer Kultur und der Mehrsprachigkeit vieler Bürger und auch wegen der Kleinheit ihres Landes unternimmt eine große Mehrheit der Schweizer ausgedehnte Reisen und kennt den Rest der Welt sehr gut. Sie werden für ihr gutes Benehmen im Ausland hoch respektiert, ebenso für ihre Mentalität und für die Qualität ihrer Arbeit und Produkte.

Die äußerst solide Lehrlingsausbildung, nebst den Universitäten, den Ingenieurs- und anderen Berufsschulen, auf der Grundlage der Solidarität der Industrien mit den Menschen und zwischen den Generationen, das exzellente Know-how der Handwerkskunst verbunden mit moderner Technologie und dem Sinn für Schönheit und hohe Qualität sind einzigartig. Nur wenige Länder können ein ähnliches System vorweisen. In der Schweiz haben sich diese Strukturen fast zur Perfektion entwickelt – über viele Jahre hinweg und in allen Bereichen der Wirtschaft, vom Schmied zum Installateur, vom Schreiner zum Koch und Konditor –, alle haben eine hohe Reputation für ihre gute Schweizer Arbeit. Die Universitäten der Schweiz sind unter den besten der

Welt: Die *Eidgenössischen Hochschulen für Technologie* in Zürich und Lausanne ebenso wie die Universitäten in Bern, Basel, Genf, Lausanne (wo die *Monnet-Stiftung* für Europa ihren Sitz hat), Neuenburg, Freiburg, Lugano, Luzern, Zürich und so weiter. Die Schweiz hat auch eine überaus große Anzahl von Nobelpreisträgern in Relation zu ihrer Bevölkerungsgröße.

Darüber hinaus verwendet die Schweiz das Milizsystem für ihre Armee und wendet dieses Prinzip auch auf die Politik an – in einigen kleineren Kantonen hat der Gemeindepräsident einen Teilzeitjob, den er in seiner Freizeit ausführt. Und erstaunlicherweise kann sogar ein Armeeangehöriger seine Waffe zu Hause aufbewahren. Das verstärkt das Gefühl der Sicherheit und die Verbundenheit des Schweizer Volkes mit seiner Armee. Das Thema der Aufbewahrung der Waffe wird allerdings zurzeit diskutiert, und das System könnte sich bald ändern. Wir werden sehen.

Die Schweiz ist eine sehr moderne Gemeinschaft und in praktisch jeder Ecke ihres gebirgigen Terrains wurde dieselbe moderne Infrastruktur entwickelt wie in allen anderen Gebieten. Soziale Sicherheit gibt es auf allen Ebenen, und die Kranken- und Invalidenversicherung ist eine der effizientesten der Welt.

Wenn ich über die Schweizer Infrastruktur spreche, muss ich auch die hochgelobten Spitäler erwähnen, die Eisenbahn, die fast immer pünktlich ist, und die hochqualifizierten Forschungs- und Entwicklungszentren, wahre Tempel des Wissens. Lassen Sie mich noch hinzufügen, dass eine saubere Umgebung ein weiterer Beweis dafür ist, dass die Schweizer den höchsten Respekt für die Ökologie, die Schönheit der Landschaft und Mutter Erde hegen.

Aus all diesen Gründen und wegen der absoluten Neutralität der Schweiz haben die Vereinten Nationen und viele internationale Organisationen ihren Sitz in der Schweiz errichtet. Das

Internationale Olympische Komitee, die FIFA, der *Internationale Ruderverband*, das *Internationale Komitee vom Roten Kreuz*, das Nuklearforschungszentrum Cern und viele andere haben den neutralen und sicheren Boden der Schweiz für ihr Hauptquartier ausgewählt, ebenso wie die über 1,6 Millionen Ausländer, die hier friedlich und glücklich leben. Die Schweiz hat einen der höchsten, wenn nicht den höchsten Prozentsatz ausländischer Bürger. Mehr als eine Person von fünf ist Ausländer, hauptsächlich aus der EU. Dieser Prozentsatz steigt die ganze Zeit, nicht zuletzt wegen der Lebensqualität und des hohen Lebensstandards. Und darin sind die vielen „Grenzgänger" nicht enthalten, die täglich aus Frankreich, Italien, Österreich und Deutschland kommen, um hier zu arbeiten.

Die Schweiz ist im 13. Jahrhundert von drei Kantonen gegründet worden, und mit der Zeit kamen 23 weitere Kantone hinzu. Während Hunderten von Jahren haben sie eine sehr starke Souveränität auf Kantonsebene beibehalten. Die Schweizer Regierung, wie Sie vielleicht alle wissen, ist nicht so mächtig wie die anderer Länder, auch wenn sie die Macht hat, über Außenpolitik, Infrastruktur und Verteidigungsangelegenheiten und andere wichtige Bereiche unseres Lebens zu entscheiden. Aber die Schweizer schätzen eine starke Zentralmacht nicht und noch weniger, wenn diese sich in Brüssel befindet, das als eine Institution angesehen wird, die ständig ihre Macht und ihren Einfluss zu mehren sucht.

Wir Schweizer haben, wie alle Menschen, eine Menge Defizite, Nachteile und Schwächen und – jawohl – wir machen auch Fehler. Aber darüber zu sprechen, besteht heute nicht Notwendigkeit und haben wir nicht die Zeit, denn sie sind irrelevant bei unserem Entscheidungsprozess bezüglich Europa. Außerdem könnten sie die dynamische Botschaft der Schweiz nicht zerstören. Die Schweiz wird als eine Perle betrachtet.

Der EU mit Herz und Seele beizutreten, könnte einen großen Teil dieser Perle zerstören. Und das wäre weder im Interesse der Schweizer noch im Interesse der Menschen in Europa und schon gar nicht im Interesse der Menschen der Welt. Die Schweiz ist zweifellos europäisch, sie ist im Herzen Europas, und niemand, nicht einmal die Schweizer selbst, können uns aus dieser wunderbaren und wunderschönen europäischen Landkarte herausschneiden. Darum ist der Handel zwischen der Schweiz und Europa so wichtig. Wir kaufen von Europa mehr, als wir nach Europa verkaufen, aber sowohl Exporte als auch Importe sind substanziell und absolut lebensnotwendig, wie Sie alle wissen. Es wäre ein sehr großer Fehler, wenn einer der beiden Partner versuchen würde, den anderen in Bezug auf diesen sehr positiven wirtschaftlichen Austausch zu erpressen.

Exzellenzen, meine Damen und Herren, das waren die offen und ehrlich – und ich gebe zu, auch einseitig und vielleicht übermäßig positiv – dargestellten Ansichten eines durchschnittlichen Schweizers und motivierten Europäers.

Nun sagen Sie mir bitte, wenn Sie Schweizer wären, würden Sie dieser EU heute beitreten wollen? Ich habe sogar den starken Verdacht, dass, nachdem Sie meine Rede angehört haben, Sie sich wahrscheinlich weigern würden, die Schweiz in der EU zu akzeptieren, falls diese sich eine Vollmitgliedschaft wünschte. Aber lassen wir den Dialog offen. Denken Sie daran: Wir können immer einen konstruktiven Kompromiss finden.

Ungekürzte Rede von Nicolas G. Hayek, Präsident und Delegierter des Verwaltungsrates von The Swatch Group AG, *anlässlich des „Head of Missions Lunch Meetings" von Boris Lazar, Botschafter der Tschechischen Republik, am 16. März 2009 im Kursaal Bern (Schweiz). Originaltext Englisch, Abdruck mit freundlicher Genehmigung des Autors. Übersetzung* Zeit-Fragen/Swatch Group*; da der Redetext keinen Titel hatte, wurde dieser für die Buchveröffentlichung vom Verlag formuliert.*

René Roca

DIREKTE DEMOKRATIE

Theorie und Praxis in der Schweiz

Die Direkte Demokratie in der Schweiz ist historisch wenig erforscht. Für Politologen und Juristen ist diese Demokratieform in ihren verschiedenen Facetten immer wieder ein Thema. Die Geschichtswissenschaft allerdings konzentrierte sich auch in der Schweiz lange auf die Sozial- und Wirtschaftsgeschichte. Die Geschichte der Demokratie als politische Geschichte wurde weitgehend ignoriert. Es ist dringend nötig, den historischen Kontext, in dem das politische System der Schweiz entstanden ist, differenziert zu rekonstruieren. Nur so erschließen sich sozialer Sinn und politischer Wert der direktdemokratischen Institutionen, und nur so wird klar, in welchem sozialpsychologischen Kontext unsere politische Kultur steht.

Die Wurzeln: Republikanismus und Kommunalismus

Die Schweiz weist die ältesten und dauerhaftesten republikanischen Traditionen Europas auf. Die Definition von „Republik", die „Res publica", weist auf ein zentrales Element einer demokratischen Kultur hin. Eine Sache, ein politisches Problem als Beispiel, wird zu einer „öffentlichen Sache", also zu einer Angelegenheit für alle Bürgerinnen und Bürger eines bestimmten politischen Raumes.

Der englische Historiker John G. A. Pocock betont mit seinem Forschungsansatz des Republikanismus, dass sich für England seit dem 16. Jahrhundert neben dem liberalen noch ein alternatives bürgergesellschaftliches Modell entwickelt habe. Dieses „republikanische Modell" besitzt im Kern das Ideal der sich selbst regierenden Gemeinschaft wirtschaftlich unabhängiger und wehrhafter Bürger. Der politisch aktive Bürger strebt als ethische Zielvorgaben Freiheit und Stabilität des Gemeinwesens an. Diese Bürgertugenden fordern vom einzelnen die Unterordnung der Privatinteressen unter das Bonum commune.

In der Schweiz reichen die republikanischen Wurzeln bis ins Spätmittelalter zurück. Damit rückt ein zweiter Forschungsansatz ins Zentrum, nämlich derjenige des Kommunalismus. Der Schweizer Historiker Peter Blickle weist auf die kommunale Selbstorganisation der *Alten Eidgenossenschaft* hin und zeigt in diesem Zusammenhang die Bedeutung des genossenschaftlichen Zusammenwirkens in den Gemeinden als demokratische Urzellen auf (die drei „Selbst": Selbstbestimmung, Selbsthilfe, Selbstverantwortung). Die Schweiz besaß somit ideale Voraussetzungen, um – aufbauend auf einer spezifischen politischen Kultur – bestimmte vormoderne Formen der Demokratie weiterzuentwickeln. Zentral war dabei die Rezeption der Aufklärung im 18. Jahrhundert.

Die Idee der Volkssouveränität

Der englische Historiker Quentin Skinner, der immer wieder auch mit Pocock zusammen arbeitet, hat das Feld der „Geschichte der politischen Ideen" revitalisiert. Skinner betont die Bedeutung des historischen Kontextes, in dem sich eine Idee entwickelt, sowie die historischen Akteure, die auf eine bestimmte Art eine Idee aufgreifen und in die politische Praxis umsetzen.

In der Schweiz gewann mit der Aufklärung die demokratische Entwicklung eine besondere Dynamik, die umfassend debattiert und mit eigenen Ansätzen bereichert wurde. Das aufklärerische Naturrecht, das den Begriff der Gleichheit begründete und die Vertragstheorien auf die nationalstaatliche Ebene übertrug, schien in der schweizerischen Landsgemeindedemokratie politische Gestalt gewonnen zu haben. Die vormoderne Demokratieform der Landsgemeinde diente den Volksbewegungen des 19. Jahrhunderts als Referenzmodell. Auf diesem Fundament gelang durch eine kühne Verschmelzung von Tradition und Moderne die Geburt der Direkten Demokratie.

Der Genfer Jean Jacques Rousseau erblickte in der schweizerischen Landsgemeinde den „idealen Staat". In seinem *Contrat social* beschreibt er dies so: „Wenn man beim glücklichsten Volk der Welt sieht, wie eine Schar Bauern die Staatsgeschäfte unter einer Eiche erledigt und sich immer vernünftig benimmt, kann man da umhin, das Raffinement der anderen Nationen zu verachten, die sich berühmt und elend machen mit so viel Kunst und Geheimniskrämerei?" (Viertes Buch, Kap. 1) Rousseau war, ideengeschichtlich interpretiert, der Schöpfer des Begriffes der „Volkssouveränität" und definiert diese folgendermassen: „Die Souveränität kann aus dem gleichen Grund, aus dem sie nicht veräußert werden kann, auch nicht vertreten werden; sie besteht wesentlich im Gemeinwillen, und der Wille kann nicht vertreten werden. [...] Die Abgeordneten des Volkes sind also nicht seine Vertreter [...], sie sind nur seine Beauftragten; sie können nicht endgültig beschließen. Jedes Gesetz, das das Volk nicht selbst beschlossen hat, ist nichtig; es ist überhaupt kein Gesetz." (Drittes Buch, Kap. 15)

Wege zur Direkten Demokratie in der Schweiz

Mit diesem Zitat beschreibt Rousseau inhaltlich eine Debatte, die in den schweizerischen Kantonen, ausgehend von der Landsgemeindedemokratie, ab 1830 einsetzte: Personen suchten nach Möglichkeiten, die durch Französische Revolution und Helvetik geförderte indirekte Demokratie mit direkten Volksrechten zu vervollkommnen und die Machtfrage endgültig zu lösen. Das erste Beispiel einer direktdemokratischen

Institution war das sogenannte „Veto" (Vorläufer des heutigen Referendums). Das Veto setzte sich ab 1830 in verschiedenen Formen in allen Kantonen durch und war die bisher radikalste Konkretisierung der Volkssouveränität. In diesem Sinne war das Veto ein entscheidender Schritt hin zu einer „wahren" Volkssouveränität. In der zweiten Hälfte des 19. Jahrhunderts setzten sich Referendum und Initiative auch auf der nationalen Ebene durch, was bis heute weltweit einmalig ist.

Diese Entwicklung der Direkten Demokratie gelang auf Grund von hauptsächlich vier Voraussetzungen:

a. In den schweizerischen Kantonen entwickelte sich ab 1830 eine neue Versammlungskultur („Volkstage"), die an ältere Formen anknüpfte und die herrschende Elite herausforderte. Die Volksbewegungen waren einerseits konservativ geprägt, andererseits auch Träger frühsozialistischer Positionen.

b. Politische Akteure setzten das Öffentlichkeitsprinzip durch, das heißt, alle politischen Geschäfte, welche die Allgemeinheit betrafen, mussten öffentlich diskutiert werden.

c. Ab 1830 entwickelte sich in der Schweiz das Pressewesen, und die Pressefreiheit wurde gegen etliche Widerstände durchgesetzt. Die Zeitungen ermöglichten eine öffentliche Debatte und definierten mit der Zeit immer mehr die politische Agenda.

d. Pioniere wie Heinrich Pestalozzi wiesen auf die Bedeutung der Bildung hin. Das Volksschulwesen entwickelte sich im kommunalen Rahmen und wurde zu einer wichtigen Aufgabe der einzelnen Gemeinden. Die Gemeinden festigten so ihren Ruf als „Schulen der Demokratie".

Fazit

Demokratie ist grundsätzlich eine moralische Errungenschaft. Der erwähnte englische Historiker Pocock brachte mit der Tugendfrage ein wichtiges sozialpsychologisches Element in den Kontext der Demokratiegeschichte. Die Frage nach der ethischen Dimension politischer Abläufe ist immer auch diejenige nach dem Menschenbild. Den Menschen politische Partizipation zuzutrauen, gehört zu einem positiven Menschenbild. Dies greift Pococks Definition einer „positiven" Freiheit auf, mit der er unterstreicht, dass der Mensch sein Umfeld aktiv gestalten müsse, um gewonnene Freiheit zu bewahren.

Die direktdemokratische Entwicklung in der Schweiz während des 19. Jahrhunderts ist auch der Anfang einer Tugenddiskussion in diesem Land, im Laufe derer sich zunehmend gerechtere und friedliche Zustände etablierten.

Dr. phil., und Gemeinderat, Oberrohrdorf, René Roca hat vor drei Jahren ein Forum zur Erforschung der Direkten Demokratie *gegründet und organisierte bereits die zehnte Arbeitstagung. Im nächsten Jahr wird er einen größeren Kongress zum Thema* Stand der Demokratieforschung in der Schweiz *organisieren. Er arbeitet selber an einer Habilitation mit dem Titel* Entstehung und Entwicklung der Direkten Demokratie in der Schweiz.

Werner Wüthrich

DAS SCHWEIZER STEUERSYSTEM

Zur Aufklärung einiger Missverständnisse im Ausland

Seit längerer Zeit steht das Steuersystem der Schweiz politisch unter Druck. Der ehemalige deutsche Finanzminister Peer Steinbrück und mit ihm viele Medien sehen unser Land als Hort von Fluchtgeldern. Sie wollen das Bankkundengeheimnis abschaffen und den grenzüberschreitenden Informationsaustausch einführen – und zwar schnell.

Dabei geht es nicht nur um das Bankgeheimnis, sondern auch um die Rechtsstaatlichkeit und Souveränität der Schweiz. Steinbrück ist nicht allein. Auch Länder wie die USA, Frankreich, Italien und andere haben ihre Mühe mit der Rechtsordnung der Schweiz. Sie versuchen, ihre Bürger im Ausland zu überwachen und zu kontrollieren. Weltweit sind Bestrebungen zu beobachten, die Steuersysteme anzugleichen und zu vereinheitlichen. Auch das internationale Währungssystem soll „zentraler" werden. Die Souveränität der einzelnen Staaten ist in Gefahr. Die Absicht ist klar: Staaten geben gigantische Summen aus, um Banken zu retten, die sich verspekuliert haben, und um die Konjunktur anzukurbeln. Es leuchtet ein, weshalb Finanzminister – nicht nur in Deutschland – zur Jagd nach neuen Steuergeldern blasen. Leider geschieht dies mit oft sehr zweifelhaften Mitteln. Was ist am Steuersystem der Schweiz so falsch? Weshalb eckt es an? – Ich lade die Leserin und den Leser insbesondere auch aus Deutschland und auch den ehemaligen Finanzminister Peer Steinbrück ein, mich auf dieser Tour d'Horizon durch das Steuersystem der Schweiz zu begleiten. Steuern sind zwar kompliziert – aber so kompliziert sind sie auch wieder nicht.

Föderalismus und Subsidiaritätsprinzip

Die Schweiz ist ein föderalistischer Bundesstaat von 26 Kantonen und Halbkantonen und etwa 2.700 selbständigen Gemeinden. Die verschiedenen öffentlichen Aufgaben werden – dem Subsidiaritätsprinzip entsprechend – auf die verschiedenen politischen Ebenen verteilt: Die Gemeinden übernehmen die Aufgaben, die sie selbst bewältigen können. Aufgaben, die von der nächst höheren Ebene besser erfüllt werden können, gehen an die Kantone. Aufgaben, die deren Möglichkeiten übersteigen, werden dem Bund übertragen. Das Steuersystem entspricht diesem Aufbau. Gemeinden, Kantone und Bund besitzen das Recht, eigene Steuern zu erheben.

Dabei gibt es folgende Unterschiede:

1. Primär sind die Kantone zuständig, Steuern zu erheben. Sie bilden seit 1848 den Bundesstaat.

2. Dem Bund steht ein ergänzendes Besteuerungsrecht zu. Er darf nur die Steuern erheben, die ihm die Bundesverfassung ausdrücklich zuweist. Hier ist der Rahmen genau festgelegt. Eine „Generalermächtigung" gibt es nicht. So bestimmt Artikel 130 der Bundesverfassung den Normalsteuersatz von 7,6 Prozent der Mehrwertsteuer. Ebenso setzt die Verfassung in Artikel 128 die Obergrenze für die *Direkte Bundessteuer* (Einkommenssteuer) fest. Die Steuer darf 11,5 Prozent der Einkommen von natürlichen Personen und 9,8 Prozent auf dem Reinertrag der juristischen Personen (Firmen) nicht übersteigen. Auch andere Bundessteuern wie die Verrechnungssteuer, die Zölle, die Schwerverkehrsabgabe und die Verbrauchssteuern auf Treibstoffen sind in der Bundesverfassung genau geregelt (Art. 85, 86, 131, 132, 133 Bundesverfassung).

3. Gemeinden: Die Steuerhoheit der Gemeinden ist Bestandteil der Gemeindeautonomie. Auch sie ist in Artikel 50 der Bundesverfassung im Rahmen des kantonalen Rechts gewährleistet. Die Gemeinden erheben im Rahmen kan-

tonaler Vorschriften eigene Steuern. Sie haben ein eigenes Steuergesetz oder verlangen einen Zuschlag zu den kantonalen Steuern.

Wie werden Steuern hinauf- oder herab gesetzt?

Jede Änderung der Bundesverfassung verlangt eine Volksabstimmung. Wenn der Bundesrat und das Parlament z. B. die Mehrwertsteuer oder den Tarif der Direkten Bundessteuer auch nur geringfügig hinaufsetzen wollen, müssen sie obligatorisch das Volk fragen. Es braucht ein qualifiziertes Mehr: Das heißt die Mehrheit der Stimmenden und – dem föderalistischen Prinzip folgend – auch die Mehrheit der 26 Kantone müssen zustimmen. Das gibt den kleinen und sehr kleinen Kantonen ein großes Gewicht. Sie haben oft weniger Einwohner als eine mittlere Stadt in Deutschland.

Ein Beispiel: Vor kurzem wurde abgestimmt, ob die Mehrwertsteuer um 0,4 Prozent erhöht werden soll, um die Invalidenversicherung (IV) zu sanieren. Die Meinungen waren geteilt. Für die einen kam eine Steuererhöhung in der Wirtschaftskrise nicht in Frage. Die andern fanden, dass die IV unbedingt mehr Geld braucht. Es ging um Finanzen und um schwierige Fragen einer Sozialversicherung. Die Zahl der Rentenbezüger hatte sich in den letzten Jahren im Verhältnis zur Bevölkerung nahezu verdoppelt, weil viel mehr Renten aus psychischen und sozialen Gründen gewährt wurden als früher. Braucht die IV mehr Geld? Oder gewährt die IV zu leichtfertig Renten? – Die Stimmbürgerinnen und Stimmbürger haben entschieden: Eine knappe Mehrheit bewilligte eine befristete Steuererhöhung für die Invalidenversicherung.

Auch über internationale Verträge wird abgestimmt. So muss das Doppelbesteuerungsabkommen mit Deutschland, das im Moment ausgehandelt wird, vom Volk genehmigt werden.

Auch in den Kantonen wie in den Gemeinden müssen Änderungen bei den Steuern vom Volk abgesegnet werden.

Finanzausgleich und Steuerwettbewerb

Die Ausgaben für öffentliche Aufgaben sind in den zahlreichen Kantonen und Gemeinden unterschiedlich. Die Steuerbelastung für den einzelnen Bürger kann deshalb stark variieren. Zudem gibt es arme und reiche Gemeinden sowie arme und reiche Kantone. Der Finanzausgleich verringert die Unterschiede, ohne diese ganz auszugleichen. Der Finanz- und Lastenausgleich zwischen Bund und Kantonen sowie zwischen den Kantonen (NFA) ist vor kurzem neu geregelt worden. Er ist seit 2008 in Kraft.

Der ‚Steuerwettbewerb‘ zwischen den Kantonen und Gemeinden dämpft die Steuerbelastung ganz allgemein, weil hohe Steuer der sogenannten Standortattraktivität schadet. Für die meisten Einwohner sind die Steuern allein kein Grund, den Wohnort zu wechseln. Der Steuerwettbewerb führt jedoch dazu, dass Gemeinden und Kantone „gute" Steuerzahler mit attraktiven Bedingungen anlocken.

Werden die deutlichen Unterschiede in der Steuerbelastung vom Volk akzeptiert? Vor etwa 30 Jahren hat die Bewegung des *Landesrings der Unabhängigen* (vom *Migros*-Gründer Gottlieb Duttweiler ins Leben gerufen) eine Volksinitiative eingereicht. Sie hätte die Unterschiede zwischen den Steuertarifen der Kantone etwas verkleinert. Die Stimmbürger gewichteten die Autonomie der Kantone und Gemeinden stärker und lehnten die Initiative deutlich ab. Eine *formelle* Harmonisierung wurde dagegen angenommen, d. h. Verfahrensfragen und ähnliches wurden in den 26 verschiedenen Steuergesetzen angeglichen. Die so genannte *materielle Steuerharmonisierung*, d.h. die inhaltliche Angleichung, ist dagegen nicht zulässig. Die Tarife gehören zur kantonalen Hoheit und zur Autonomie der Gemeinden.

Schadet oder nützt der Steuerwettbewerb?

Die Unterschiede zwischen den Steuertarifen in den verschiedenen Kantonen und Gemeinden sind ein ständiges Thema in der Politik und auch in den Medien. Auch heute wieder: Vor wenigen Monaten hat die *Sozialdemokratische Partei der Schweiz* die Volksinitiative „Für faire Steuern, Stopp dem Missbrauch beim Steuerwettbewerb" eingereicht (Steuergerechtigkeits-Initiative). Wie die *Landesring*-Initiative vor 30 Jahren will auch die SP die kantonalen und kommunalen Unterschiede abbauen – insbesondere bei hohen Einkommen und Vermögen. Ursprünglich beabsichtigte die SP, eine Bandbreite für die verschiedenen kantonalen Steuertarife festzulegen. Die Partei hat jedoch davon Abstand genommen. Wahrscheinlich weil ein solcher Eingriff in die Autonomie der Kantone und Gemeinden chancenlos gewesen wäre. Heute will die SP Korrekturen lediglich bei der Besteuerung von hohen und sehr hohen Einkommen vornehmen: Die Kantone sollen verpflichtet werden, für den Teil des steuerbaren Einkommens, der 250.000 Franken übersteigt, mindestens 22 Prozent Steuern zu verlangen. Damit sollen vor allem kleinere und wirtschaftlich schwächere Kantone zurückgebunden werden, die mit tieferen Steuern Leute mit hohen Einkommen und Vermögen anlocken. Auch in dieser Frage wird der Stimmbürger entscheiden müssen: Was ist ihm wichtiger – die Finanz- und Steuerautonomie der Kantone und Gemeinden oder die Steuergerechtigkeit?

Grenzenlos ist die Steuerautonomie jedoch nicht. Allzu viel Wettbewerb untergräbt die Verbundenheit. Vor kurzem hat das Bundesgericht dem kleinen Kanton Obwalden verboten, Einkommen degressiv zu besteuern. Das hätte bedeutet, dass jemand mit einem sehr hohen Einkommen weniger Prozent Steuern bezahlen müsste als jemand mit einem „normalen" Einkommen. Dies verstoße gegen das Grundrecht der Rechtsgleichheit, urteilte das oberste Gericht.

Unternehmens- und Erbschaftssteuern

Auch im Bereich der Unternehmensbesteuerung bestehen Unterschiede: Im Kanton Genf müssen Unternehmen 21,5 Prozent des Gewinns als Steuern bezahlen, im Kanton Zürich sind es 18 Prozent. In zahlreichen vor allem kleineren Kantonen ist die Steuerbelastung deutlich tiefer. Im Kanton Schaffhausen sind es 13,9 Prozent, im Kanton Appenzell Ausserrhoden 10,8 Prozent (*BAK Taxation Index* 2009). Dazu kommt, dass es auch innerhalb der Kantone Unterschiede gibt. So gibt es steuergünstige und weniger steuergünstige Gemeinden.

Die Erbschaftssteuer für direkte Nachkommen ist in der Schweiz weitgehend abgeschafft worden.

Wie reagiert das Ausland?

Die Eigen- und Besonderheiten im Steuersystem der Schweiz werden vor allem im benachbarten Ausland zur Kenntnis genommen – nicht immer mit Wohlwollen. Nach einer Meldung von *Spiegel Online* mischen sich deutsche Steuerfahnder an Informationsveranstaltungen in der Schweiz unter das Publikum, um herauszufinden, welche Firmen sich in die Schweiz absetzen wollen. Vor kurzem ist eine Informationsveranstaltung in Zürich deswegen abgesagt worden. Können verdeckt operierende Steuerfahnder im Ausland wirklich etwas bewirken? Die Schweiz ist für deutsche Auswanderer attraktiv. Die *Münchner Abendzeitung* hat am 6. August 2009 berichtet, dass im letzten Jahr etwa 5.000 Einwohner ihrer Stadt ausgewandert sind. Bevorzugtes Ziel ist die Schweiz – vor allem für Berufstätige mit hoher Qualifikation wie Handwerker und Akademiker. Der damalige Wirtschaftsminister zu Guttenberg hat dazu Stellung genommen: „Und die Zuwanderung ist vor allem auch ein großes Lob für die Schweiz. Aber wir müssen bei uns zu Hause ständig weiter die Hausaufgaben machen [...]. Es nützt auch nichts, wenn wir über die

Abwanderung von guten Köpfen ins Ausland jammern und darüber schimpfen, dass diese Leute anderswo bessere Bedingungen antreffen. Wir müssen unsere eigenen Strukturen fortlaufend optimieren." (*NZZ am Sonntag* vom 9. August 2009)

Bankkundengeheimnis

Das Bankgeheimnis schützt die Privatsphäre des Bankkunden – ähnlich wie das Arzt- oder Anwaltsgeheimnis. Deshalb ist der Ausdruck Bankkundengeheimnis treffender.

Art. 47 des Bankengesetzes bestimmt für die Mitarbeiter des Bankgewerbes: „Wer das Berufsgeheimnis verletzt, wird mit einer Freiheitsstrafe bis zu drei Jahren oder mit einer Busse bis zu 250.000 Franken bestraft."

1984 hat eine Volksabstimmung über die Initiative der *Sozialdemokratischen Partei der Schweiz* gegen „Missbrauch des Bankgeheimnisses und der Bankenmacht" stattgefunden. Die Stimmbürger haben sie mit 73 Prozent Nein deutlich abgelehnt. Warum haben sie am Bankkundengeheimnis festgehalten? Weil die Schweiz mit ausländischen Geldern so viel verdient – wie man weltweit oft liest oder hört? Nein – die allermeisten Schweizer haben mit den Geldern aus dem Ausland gar nichts zu tun. Das Bankkundengeheimnis ist vielmehr Ausdruck eines im Volk verwurzelten Staatsverständnisses: Der Bürger versteht sich nicht als Untertan, der von der Obrigkeit überwacht werden muss. Sein Verhältnis zu den staatlichen Institutionen ist freiheitlich und gleichberechtigt. Es ist von einem hohen Maß an Mitverantwortung und Vertrauen geprägt. Wie äußert sich das konkret?

Die Bürgerinnen und Bürger dokumentieren eigenverantwortlich ihre Einkommens- und Vermögensverhältnisse in der Steuererklärung, die sie der Steuerbehörde ihrer Gemeinde jedes Jahr einreichen. Dies ist eine anspruchsvolle Bürgerpflicht.

Es gibt in der Regel keinen direkten Lohnabzug. Die Steuerbehörde kontrolliert die Erklärung. Wenn jemand etwas vergisst, wird korrigiert. Oder es kommt vor, dass der Steuerkommissär zum Beispiel einen Geschäftsinhaber zu einem Gespräch einlädt. Vielleicht wird darüber gesprochen, welche Auslagen als „privat" und welche als „Geschäft" eingestuft werden. Oder wie viel Abschreibungen das Steuergesetz erlaubt. In den meisten Fällen wird die Angelegenheit einvernehmlich geklärt.

In eindeutigen Fällen, d. h. wenn jemand absichtlich etwas „vergisst" oder vor den Steuerbehörden „versteckt", wird eine Buße ausgesprochen und rückwirkend Nachsteuern verlangt. Beide können zusammen das Mehrfache der normalen Steuern betragen. Diese Steuerhinterziehung ist jedoch kein Fall für den Strafrichter. Der Steuerkommissär unterscheidet ganz bewusst zwischen Steuerhinterziehung und Steuerbetrug. Letzteres bedeutet, dass der Steuerpflichtige gezielt Unterlagen fälscht oder seine Buchhaltung betrügerisch verändert. Dieses gravierende Fehlverhalten hat ein Gerichtsverfahren und in manchen Fällen auch Gefängnis zur Folge.

Im Moment werden Unterschriften für eine Volksinitiative gesammelt, um das Bankkundengeheimnis in der Bundesverfassung zu verankern.

Verrechnungssteuer als Ergänzung

Lädt dieses relativ milde, freiheitliche System nicht dazu ein, seine Geldanlagen vor dem Fiskus zu „verstecken"? Nein – weil die Verrechnungssteuer das Bankkundengeheimnis ergänzt und einen Anreiz setzt, dies nicht zu tun. Wie funktioniert die Verrechnungssteuer? Es werden dem Bankkunden bereits in der Bank automatisch hohe 35 Prozent der meisten Zinsen abgezogen. Dieser Betrag wird den Steuerbehörden überwiesen. Die Dividenden (Gewinnanteile der Aktiengesellschaften) werden bereits in den Unternehmen ebenfalls um 35 Prozent gekürzt. Auch dieser Betrag wird direkt an die Steuerbehörden überwiesen. Der Steuerpflichtige erhält dieses Geld wieder zurück, wenn er sein Bankkonto, seine Obligationen und Aktien in seiner Steuererklärung korrekt angibt. Dieses Verfahren und der hohe Abzug von 35 Prozent sind ein starker Anreiz, seine Geldanlagen korrekt zu deklarieren. Die Steuerhinterziehung hält sich in Grenzen, weil es sich finanziell gar nicht lohnt.

Gesamthaft und rein finanziell betrachtet gibt es im Bereich der Geldanlage eigentlich gar keine Steuerhinterziehung. Die Behörden erhalten ihr Geld über die persönliche Steuererklärung oder – falls nötig – indirekt über die Verrechnungssteuer. Das System kann neuen Anforderungen angepasst werden und Lücken lassen sich schließen. Auf der andern Seite bleibt das Bankkundengeheimnis gewahrt und die Privatsphäre der Bürger geschützt. Deshalb möchte die große Mehrheit – wie Abstimmungen gezeigt haben – dieses freiheitliche, gut durchdachte System beibehalten.

Auch Ausländerinnen und Ausländern werden hohe 35 Prozent Verrechnungssteuer von den Zinsen und Dividenden abgezogen – wie oben beschrieben. Dieses Geld bleibt nicht in der Schweiz. Ein großer Teil davon wird an die Steuerbehörden der jeweiligen EU-Länder überwiesen.

Die meisten Ausländer legen ihr Geld nicht aus steuerlichen Überlegungen in der Schweiz an. Politische Stabilität und Neutralität, der Schutz der Privatsphäre und ein erstklassiger Service dürften die Hauptgründe dafür sein.

Abgeltungssteuer

Im Moment wird darüber diskutiert, die Verrechnungssteuer – für In- und Ausländer – in eine reine Quellensteuer umzubauen. Wie würde diese funktionieren? Ein Prozentsatz von allen Zinsen und Dividenden würde automatisch abgezogen und von den Banken als definitive Steuer den Steuerbehörden im In- und Ausland überwiesen. Die Steuern für Zinsen und Dividenden wären so abgegolten, und diese müssten in der Steuererklärung gar nicht mehr deklariert werden. Das Bankkundengeheimnis bliebe gewahrt. Für Ausländer könnte die Höhe des Prozentsatzes dem jeweiligen Land angepasst werden.

Dieses Verfahren ist direkter als die Verrechnungssteuer. Es wäre wahrscheinlich für ausländische Steuerbehörden noch ergiebiger als die Verrechnungssteuer. Der Steuerstreit wäre damit vom Tisch (hoffen die Initianten), und mancher Finanzminister auf dieser Welt könnte seinen Haushalt mit regelmäßigen Zahlungen aus der Schweiz aufbessern.

Bekämpfung der Geldwäscherei

Wer Geld oder Vermögenswerte besitzt, die aus einem Verbrechen stammen, will die Herkunft möglichst verschleiern und es reinwaschen, indem er es als „normales" Geld in Umlauf bringt (Geldwäsche).

Das Bundesgesetz zur Bekämpfung der Geldwäscherei soll dies verhindern. Wie? Banken, Versicherungen oder auch Treuhandbüros und Anwälte, die Geld verwalten, müssen strenge Sorgfaltspflichten erfüllen. Sie müssen die Identität des Kunden überprüfen und auch abklären, von wo das Geld kommt. Im Zweifel müssen sie Meldung machen. Heute ist diese Sorgfaltspflicht – internationalen Standards entsprechend – ausgeweitet worden auf Gelder, die möglicherweise Terrororganisationen gehören. Die Finanzmarktaufsicht *Finma* überwacht heute die Einhaltung des Gesetzes.

Finanzkontrolle

Auch in der Schweiz erweist sich die Staatsverschuldung als zunehmendes Problem. Im internationalen Vergleich ist sie jedoch moderat. Weshalb?

1. Insbesondere die Schuldenlast des Bundes hat sich in den letzten 20 Jahren im Vergleich zu den Nachkriegsjahrzehnten massiv vergrößert. Um Gegensteuer zu geben, ist auf Verfassungsstufe die so genannte „Schuldenbremse" eingerichtet worden, an die die Behörden sich zu halten haben.

2. Der kleinräumige Föderalismus hat Vorteile: Die Verschuldung der meisten Kantone und Gemeinden ist deutlich besser als beim Bund. Sie haben ihre Finanzen im Griff. Viele Gemeinden und auch etliche Kantone sind praktisch schuldenfrei. Warum? – Schulden werden hier weniger akzeptiert. Es hat sich gezeigt, dass besonders in kleineren Gemeinden die Finanzkontrolle (d. h. der sorgfältige Umgang mit Steuergeldern) am besten funktioniert. Bürgerinnen und Bürger sind hier am direktesten beteiligt und schauen genauer hin, was mit ihrem Geld passiert.

3. Das System der aktiven und direkten Mitverantwortung begrenzt die Steuerbelastung. Wie? Die Bürgerinnen und Bürger tragen mit ihrer persönlichen Steuererklärung den öffentlichen Haushalt mit. Andererseits beeinflussen sie die staatlichen Ausgaben, indem sie als Stimmbürger auf allen politischen Ebenen über größere Ausgaben direkt mit entscheiden. Diese Mitwirkung ist vielfältig: Beispielsweise haben schon Abstimmungen stattgefunden, ob die Armee neue Kampfflugzeuge vom Typ FA 18 kaufen soll oder ob Soldaten der Armee im Ausland an sog. „Friedenseinsätzen" teilnehmen sollen. Vor allem in den Kantonen und Gemeinden gibt es regelmäßige Abstimmungen über größere Investitionen wie z. B. den Bau eines neuen Schulhauses, über Abfallverbrennungsanlagen, Strassen, Spitäler, Altersheime und vieles mehr. Über neue Steuern oder über Steuererhöhungen muss zwingend abgestimmt werden.

4. Die Staatsverschuldung ist mit etwa 45 Prozent des Brutto-inlandprodukts BIP deutlich geringer als in der EU. Hier beträgt der Durchschnitt etwa 80 Prozent. Auch in diesem Krisenjahr will die Landesregierung ihren Haushalt ohne Defizit abschließen.

Gegen imperiales Gehabe!

Wie weiter? Die Schweiz ist kein Tiefsteuerland – wie reiche Länder, die von der Natur mit vielen Rohstoffen gesegnet sind. Solche gibt es nicht. Die Steuerbelastung ist im internationalen Vergleich jedoch moderat und die Bürgerinnen und Bürger haben es in der Hand, dass es auch so bleibt.

Können große, zentralistisch geleitete Staatengebilde wirklich ein Vorbild sein? Sie weisen meist einen gigantischen Schuldenberg auf und überwachen ihre Bürger zunehmend auch im Ausland. Beweist nicht gerade die finanzielle Situation der meisten Institutionen in der Schweiz, dass direkte Mitverantwortung und Vertrauen erfolgreicher sind als die Überwachung in Obrigkeitsstaaten?

Das heißt nicht, dass das „Modell Schweiz" einfach auf andere Staaten übertragen werden kann. Deutschland und die Schweiz zum Beispiel haben eine ganz andere Geschichte. Die Formen des Zusammenlebens auf dieser Welt sind vielfältig. Es kann nicht sein, dass der Ausweg aus der Finanzkrise darin besteht, dass Unterschiede zwischen den Ländern einfach platt gewalzt und Bürger grenzüberschreitend überwacht werden, um noch besser an ihr Geld heran zu kommen. Ich denke, es lohnt sich die Rechtsordnung der Schweiz zu verteidigen.

Dr. Werner Wüthrich, Ökonom und Jurist, Zürich.

Rolf Dörig

UNSERE MILIZ

Standortvorteil und Gesinnungsmerkmal

Ich stehe hier vor Ihnen mit einer klaren Forderung: Es ist mir wichtig, dass die Schweizer Armee eine Armee des Volkes bleibt! Was meine ich damit und wie komme ich dazu, dies heute als Forderung in den Raum zu stellen? Unsere Armee läuft Gefahr, ihren Milizcharakter zu verlieren. Weniger Geld, weniger Rückhalt in der Gesellschaft und schwindende Akzeptanz bei der Wirtschaft. Diese Entwicklung müssen wir aufhalten. Warum? Weil die Armee ein zentraler Teil unseres Milizsystems ist. Wenn wir die Armee schwächen, schwächen wir unser Milizsystem Schweiz.

Ein geschwächtes Milizsystem muss uns allen große Sorgen machen. Denn die Miliz greift in die Gesellschaft, in die Wirtschaft ein und betrifft die Sozialkompetenz jedes einzelnen von uns.

Die Miliz ist eben weit mehr als eine Organisationsform. Und dies aus drei Gründen: Erstens widerspiegelt sie eine Gesinnung. Zweitens ist sie ein enormer Standortvorteil. Drittens ermöglicht das Milizprinzip Netzwerke, die ein gewaltiger Nutzen für unsere ganze Gesellschaft sind.

Unsere Armee ist ein Volksheer, abgestützt auf die allgemeine Wehrpflicht. Wir kümmern uns persönlich um unsere Sicherheit. Wir delegieren sie nicht an ein Berufsheer oder an irgendwelche Bodyguards.

Dahinter steht eine elementar demokratische Haltung, meine lieben Mitbürgerinnen und Mitbürger – und das besondere

Staatsverständnis von uns Schweizerinnen und Schweizern! Selbstvertrauen, Selbstverpflichtung und Selbstverantwortung sind die entscheidenden Eckpfeiler unseres Milizsystems.

Wie altmodisch!, wird mancher einwenden. Ich widerspreche und sage: Wie modern! Wie zukunftsfähig! Und ich sage Ihnen das nicht nur als Milizoffizier, sondern auch als Bürger dieses Landes. Und ausdrücklich auch als oberster Verantwortlicher von zwei international tätigen Konzernen, also als Geschäftsmann. Unser Milizsystem ist nämlich auch rentabel!

Ich habe zusammengerechnet rund vier Jahre meines Lebens im Militär verbracht. Kürzlich hat mich einer meiner drei Söhne gefragt: Würdest du das heute wieder machen? Ich musste keine Sekunde überlegen. Meine Antwort war ein klares Ja. Dafür gibt es drei zwingende Gründe.

Erstens: Die Schweiz ist ein kleines, ursprünglich war sie auch ein armes Land. Was wir erreicht haben, verdanken wir dem Fleiß, der Ordnung, dem Wissen sowie unserer Offenheit und Verlässlichkeit im Verkehr mit dem Ausland. Wir müssen ja für Kunden, Mitarbeiter und Kapital aus aller Welt attraktiv bleiben. Der Standortwettbewerb wird sich noch verstärken. Aber ein Staat, der aus lauter Minderheiten besteht, sieht nach historischer Erfahrung – jedenfalls auf dem Papier – nicht besonders sicher aus.

Alle Welt weiß jedoch, dass wir sicher sind – weil wir es sein wollen. Sicherheit aus eigenem Willen und eigener Kraft ist ein erstklassiger Standort- und Wettbewerbsfaktor.

Zweitens fördert die Armee die Sozialkompetenz. Sie ist eine praktische Lebens- und Gesellschaftsschule. Hier lernen Menschen verschiedenster Art und Herkunft gemeinsame Ziele zu erreichen. Dabei erlernen wir den Unterschied zwischen Rang- und Sachautorität – und den Respekt vor den Untergebenen.

Drittens: Militärdienst schafft tragfähige Netzwerke. Wir lernen den anderen nicht nur als Funktionsträger, sondern auch als Menschen, als Bürger, als Problemlöser kennen und schätzen. Es entstehen Bindungen über den aktuellen Dienst hinaus. Diese strahlen ins Zivilleben ab. Aus der Rückkoppelung erwachsen nützliche, menschlich bereichernde Verbindungen für das ganze Leben.

Nennen Sie es ruhig „Filz"! Zum einen ist Filz etwas Praktisches: wasserabweisend, strapazierfähig und wärmend. Zum anderen ist diese enge personelle Verbindung die intelligente Antwort des Kleinstaats auf die Übermacht der Großen.

Zunächst müssen wir in unseren kleinen Verhältnissen die Talente vielseitig einsetzen – und wo immer möglich mehrfach. Das Milizsystem fördert solche Mehrfachfunktionen. Denn es ermutigt viele, sich auch über ihren Fachbereich hinaus persönlich zu engagieren und Verantwortung zu übernehmen. Ohne diese vielfältige Vernetzung zwischen Politik, Wirtschaft und Gesellschaft wäre die Schweiz nicht so stabil und erfolgreich wie sie ist.

Meine Damen und Herren,
unser Land ist erfolgreich; und genau dieser Erfolg droht zu schwinden. Unser Milizsystem droht zu zerbröckeln und unsere Werte drohen zu zerfallen. Dagegen wehre ich mich.

Wir müssen den Milizgedanken stärken, das außerberufliche, gemeinschaftsdienliche Engagement ermutigen. Das ist schnell gesagt. Aber wie vorgehen?

Ich mache Ihnen ein Beispiel:

Bei *Swiss Life* gehen wir davon aus, dass Mitarbeiter, die eine Milizfunktion übernehmen, im Interesse der Firma handeln. Ob *Spitex*, Feuerwehr oder Gemeinderat: Wer sich hier einbringt, versteht viele gesellschaftliche Probleme besser – und diese Probleme gehören ja auch zu den Rahmenbedingungen unserer Geschäftstätigkeit.

Deshalb ermutigen wir in unserem Personalreglement unsere Mitarbeitenden ausdrücklich, Mandate im Dienste des Gemeinwesens auszuüben. Zugleich stellen wir klar, dass das Mandat und die Anstellung bei *Swiss Life* zwei voneinander unabhängige Dinge sind. Unsere Leute sollen sich frei fühlen, ihre Standpunkte zu vertreten.

Wir sichern aber Unterstützung im Rahmen der Verhältnismäßigkeit zu, vor allem durch Flexibilität bezüglich der Arbeitszeit. Die Einzelheiten werden direkt mit dem Linienvorgesetzten geregelt.

51 Mitarbeiterinnen und Mitarbeitern von *Swiss Life* in der Schweiz üben ein politisches oder richterliches Mandat aus. Sie gehören sämtlichen Bundesratsparteien an; etwa ein Drittel bezeichnet sich als parteilos. Das Management trifft sich zweimal jährlich mit diesen Verantwortungsträgerinnen und -trägern, weil man von ihnen lernen kann.

Diese Treffen empfinden alle Beteiligten als außerordentlich lehrreich. Denn sie helfen uns, den Bezug zur Realität in Wirtschaft und Politik zu wahren und gesellschaftliche Zusammenhänge zu erkennen – insbesondere wie wichtig unser Milizsystem für unser Land ist.

Wichtig deshalb, weil das Milizprinzip Ausdruck der politischen Vernunft und der bürgerlichen Selbstverantwortung ist – mithin die wichtigste Grundlage unserer Direkten Demokratie. Freiheit ist für uns nicht verhandelbar, und folglich ist der Schutz der Freiheit – mit Kopf, aber auch mit der bewaffneten Hand – nicht delegierbar. Das ist der tiefere Sinn der Miliz.

Und was tun Sie, meine Damen und Herren, für unser Miliz-system?

Sie alle tun sehr viel dafür. Sie bekennen sich hier und heute zur Schweizer Armee. Dafür danke ich Ihnen. Und ich danke Ihnen, weil sie unser Land mit Ihrem persönlichen Engagement täglich stärken.

Ich habe es eingangs gesagt: Unsere Armee muss eine Armee des Schweizer Volkes bleiben. Nur dann ist sie stark. Kämpfen wir dafür!

Denn bedenken Sie: Wenn wir die Armee schwächen, schwächen wir unser Milizsystem als tragende Säule einer erfolgreichen Schweiz.

Oberst i. Gst. a. D. Rolf Dörig, VR-Präsident von Swiss Life, *hielt diese Rede am Sicherheitsforum des Schweizerischen Miliz-und Militäranlasses, am 21. August 2009 in Langenthal; wir veröffentlichen das ungekürzte Redemanuskript mit freundlicher Genehmigung des Autors; Titel vom Verlag; Titel des Originalmanuskripts war „Miliz als Standortvorteil und Gesinnungsmerkmal".*

Gian Marino Martinaglia

DEZENTRAL UND BÜRGERNAH

Warum in der Schweiz die Gemeinde besser funktioniert als anderswo

Die schweizerische Eidgenossenschaft ist in drei Ebenen gegliedert: Bund, Kantone und Gemeinden. Die Gemeinde ist die Grundzelle dieser föderalistischen Struktur. Sie ist juristisch als Zusammenschluss der Bürgerinnen und Bürger durch die Bundesverfassung geschützt. Indem jede Gemeinde souverän über die eigenen Belange entscheidet, verwirklicht sie ihre Autonomie und beansprucht den Teil der öffentlichen Macht, der ihr im Verbund mit dem Kanton und dem Bund zusteht.

Diese Qualität der Gemeindeautonomie, die unersetzbar ist, aber nicht in Konkurrenz zum Kanton steht, ermöglicht einen ständigen Ausgleich von Vision und politischer Aktion und verdankt ihr Bestehen dem Konzept der Direkten Demokratie und der Volkssouveränität.

Grundelement des Schweizer Modells

Die Gemeindeversammlung ist laut Gesetz die Zusammenkunft der Bürgerinnen und Bürger mit politischen Rechten in Gemeindeangelegenheiten. Sie ist das gesetzgebende Organ (Legislative) mit wesentlichen Kompetenzen; insbesondere überwacht sie die Gemeindeverwaltung. Sie wird als öffentliche Versammlung einberufen und wählt den Gemeinderat, die ausführende Behörde (Exekutive). Jeder Bürger kann direkt teilnehmen und auch gewählt werden. Diese Form der Gemeindeorganisation ist heute immer noch üblich, auch in größeren Gemeinden.

Vor allem in Städten und größeren Gemeinden werden die Kompetenzen der Gemeindeversammlung durch einen Einwohnerrat übernommen, der aus Vertretern der Bevölkerung besteht und von den stimmberechtigten Bürgern, proportional zu den Strömungen oder politischen Parteien, gewählt wird. In den Gemeinden werden periodisch die politischen Ämter erneuert, und die Gemeindeversammlung oder der Einwohnerrat sind den Regeln der Direkten Demokratie unterworfen, insbesondere dem Initiativ- und dem Referendumsrecht.

Nach diesen Regeln ist es möglich, Abstimmungen anzuberaumen, um Gesetze oder Entscheide der Gemeinde abzuändern. Außerhalb der Parteien entstandene, unabhängige und freie Bürgerlisten zeugen von einer bereichernden Vielfalt des politischen Lebens in den Gemeinden. Ein weiteres Zeichen der guten Qualität der Schweizer Demokratie ist, dass in einigen Kantonen das Gemeidestimmrecht auch auf die ausländische Bevölkerung ausgeweitet wurde.

Die Form der öffentlichen Versammlung ist in manchen Kantonen so populär, dass sogar die kantonalen Volksabstimmungen auf dem Gemeindeplatz mit allen anwesenden Bürgern stattfinden (*Landsgemeinde*).

Folgen der Globalisierung

Durch Delegation anstelle direktdemokratischer Entscheidungen – und in den letzten Jahrzehnten insbesondere unter dem Druck der Globalisierung und ohne Rücksicht auf die demokratischen Regeln – treten Phänomene auf, die das Bestehen der Gemeinde gefährden: Die Verbreitung der Bürokratie, die Bevorzugung von schnellen Entscheidungen, ohne Rücksicht darauf, wer diese fällt, die Konzentration der Macht in wenigen Händen. Diese Erscheinungen nehmen auch in der schweizerischen Eidgenossenschaft überhand. Das Misstrauen der Schweiz gegenüber Europa – obwohl sie sich ihrer Zugehörigkeit sehr bewusst ist – muss in politisch-kultureller Hinsicht verstanden werden. Die Globalisierung vergrößert von der Natur der Sache her und mit Sachzwängen die Probleme und weitet den Machtmissbrauch aus. Davon betroffen ist nicht nur die biologische Artenvielfalt, sondern auch die Vielfalt der Kultur. Die Illusion der leichten Profite, verstärkt durch die Ausweitung der Wirtschaftsräume, gewinnt die Oberhand über alles und durchtränkt das Handeln mit einer nicht zu bremsenden Begierde, in einer Art Rausch ohne Ende ... So hält plötzlich die Euphorie der Macht, neue Horizonte und Räume zu erobern, am Schauplatz der kleinen Schweizer Gemeinden und Kantone Einzug. Im Spiegel der Medien überrollen die weltweiten chaotischen Umwälzungen die kleinmaschige Realität. Es scheint fast, man befinde sich in einer neuen Art Globalkonflikt, statt gemeinsam die anstehenden Probleme zu lösen. Dieser dynamische Kontext von Konkurrenz, der den Dialog und die Kommunikation missachtet, birgt die Gefahren offensichtlicher Verzerrungen, welche die Existenz und die Autonomie der Schweizer Gemeinde entstellen und bedrohen.

Die Gemeinde als Ursprung der Mitwirkung

Die etwa 2.700 Schweizer Gemeinden vereinigen Bürgerinnen und Bürger, die als Personen an der staatsbürgerlichen Struktur teilhaben. Sie bilden, eng vernetzt wie winzige Uhrenmechanismen, den harmonischen und vielfältigen Reichtum der Schweiz.

Die Gemeinde ermöglicht ihren Mitgliedern am Wohnort, die politische Kultur zu verstehen und daran aktiv teilzunehmen. Dies hat zur Folge, dass die Menschen eher in der Lage sind, solidarisch und mit natürlichem Verantwortungssinn im Bewusstsein der eigenen Stärken und Grenzen zu handeln und dabei auch die weltweiten Vorgänge der Veränderung und ihre

Risiken mit einzubeziehen. Früher konnten die Menschen besonders die lokalen Auswirkungen der Politik gut nachvollziehen, heute werden auch die globalen Zusammenhänge vermehrt wahrgenommen. Gleichzeitig reift die Erkenntnis, wie wichtig es ist, im lokalen Bereich mitzuwirken, Verantwortung zu übernehmen und niemals der Versuchung zu verfallen, sich ohnmächtig und unnütz zu fühlen und sich aus dem Geschehen zurückzuziehen.

Das Beispiel einer lebendigen Gemeinde

Cadro, eine blühende Gemeinde im Kanton Tessin, wirtschaftlich gesund und gut verwaltet, soll von Lugano, das im Zug der Zentralisierung die eigene Stadt erweitern will, in ihre Agglomeration einverleibt werden. Die Folgen sind nicht nur politischer Natur, sondern betreffen auch die öffentlichen Belange und den institutionellen Bereich, der durch den Einfluss der wirtschaftlichen Globalisierung leidet, und es entsteht eine allgemeine Verwirrung ethischer und politischer Art. Der Kanton Tessin hat sich mit einem neuen Gesetz das Recht herausgenommen, die Struktur seiner Gemeinden mittels Zusammenlegungen zu verändern und ihre Zahl zu verkleinern. Einer der umstrittenen Aspekte dieses Gesetzes ist die Berechtigung, eine Gemeinde gegen ihren Willen zu einer Fusion mit einer anderen zu zwingen (Zwangsfusion). Das Gesetz bietet großen Spielraum, indem es obligatorische Verfahren ohne Rekursmöglichkeiten festlegt. Die Bevölkerung aber kann sich nur noch in konsultativer Form äußern und verfügt nicht mehr über die Entscheidungsgewalt.

Cadro wollte bei dem vom Kanton vorgeschriebenen Fusionsverfahren mit Lugano von Beginn an nicht mitmachen. Die Bevölkerung reichte dem kantonalen Staatsrat (Exekutive) eine Petition ein, rekurrierte beim kantonalen Verwaltungsgericht und reichte anschließend eine Klage beim Bundesgericht ein.

Das Resultat war beachtlich: Trotz des großen Auslegungs-spielraums des neuen Gesetzes soll das Abstimmungsresultat der Gemeinde Cadro respektiert werden. Die Abstimmung ergab ein klares Nein, obwohl die Befürworter der Fusion ge-schickt Propaganda gemacht und Steuervorteile versprochen hatten. Die Verteidigung der Autonomie von Cadro war bei-spielhaft und zeigte klar auf, wie die Bürger, mit Hilfe der Methoden der Direkten Demokratie, die Gemeinde gerettet haben.

Fusionitis – nein danke!

„In Gegensatz zu dem, was man meinen könnte, sinkt die An-zahl der Gemeinden in der Schweiz nur sehr langsam. Die Fusi-onen haben nördlich der Alpen noch nicht Fuß gefasst, die Aus-einandersetzung darüber ist lebhaft im Gange und die schwei-zerische Demokratie erlaubt glücklicherweise keine einfachen Umwälzungen", bilanziert Eros Ratti, ehemaliger Inspektor der Tessiner Gemeinden, eine anerkannte Kapazität auf dem Ge-biet des Gemeinwesens.

Vielmehr hat sich beispielsweise der Kanton Waadt, wo ähn-lich wie im Tessin eine stattliche Anzahl kleiner Gemeinden besteht, eine Gesetzgebung gegeben, welche die Zusammenar-beit in besonderem Masse fördert. Dies wird auf föderalistische Art, in Form von Vereinigungen und Verbänden zwischen den Gemeinden erreicht. Dabei werden die Autonomie und die Unabhängigkeit der Gemeinden respektiert. Im Kanton Aar-gau scheiterte 1999 der Versuch der Regierung, die Erleichte-rung von Zusammenschlüssen gesetzlich zu verankern, in einer Volksabstimmung. Dies dank einer aktiv gewordenen Volksbe-wegung. Eine ähnliche Reform endete auch im Kanton Schaff-hausen mit einem Misserfolg. In anderen Kantonen, wie bei-spielsweise Zürich, sind Fusionen kein Thema, und es existieren diesbezüglich keine genauen Gesetze.

„Die Bevorzugung von Fusionen ist nicht selbstverständlich. Die Zahl der Schweizer Gemeinden beträgt gegenwärtig knapp 2.700 (viel mehr als in anderen europäischen Staaten ähnlicher Größe). Im Jahr 1860 waren es 3.211 und sie blieben in den folgenden neunzig Jahren auf diesem Niveau. Im schweizerischen Überblick erscheint die Gemeindestruktur sehr fein gegliedert: Vier von zehn Gemeinden haben weniger als 500 Einwohner, mehr als die Hälfte weniger als 1.000, und nur 4 Prozent mehr als 10.000. Die durchschnittliche Zahl der Einwohner in den schweizerischen Gemeinden beträgt ca. 2.300 und ist damit die kleinste Europas. In den Kantonen Zürich oder in der Zentralschweiz erklärt die größere Einwohnerzahl der Gemeinden, warum Fusionen weniger gefragt sind. Im Kanton Freiburg hingegen wird öfter fusioniert, weil die Gemeinden kleiner sind: Die Hälfte davon zählt weniger als 500 Einwohner", bilanziert Ratti. Im kleinen Kanton Glarus sind die 25 Gemeinden durch zwei Landsgemeinden, eine davon war eine außerordentliche, zu nur noch drei neuen fusioniert worden.

Ratti zählt die Vorzüge einer kleinen Gemeinde auf: „Sie ermöglicht offensichtlich eine sehr differenzierte Auswahl von Projekten und vielfältige Entscheidungsmöglichkeiten. Sie gewährleistet einen direkten und gezielten Einbezug des Bürgers bei der Verwaltung der öffentlichen, ihn betreffenden Belange. Sie beschränkt außerdem die Delegation von Entscheidungskompetenzen in die Hände von Einzelnen auf ein Minimum. Dies ist wichtig angesichts der allgegenwärtigen Tendenz der Administration, die auf Kosten der Beziehungen und der persönlichen Dienste am Bürger in verhängnisvoller Weise zur Bürokratisierung und Zentralisierung der Geschäfte neigt.

Nicht zuletzt ist bekannt und erwiesen, dass der Bestand einer Institution nicht in erster Linie von ihrer Größe abhängt, sondern davon, in welchem Maße sie menschengerecht ist. Kleine Gemeinden erleichtern den direkten Kontakt der Bevölkerung mit der Institution sowie die Umsetzung von anstehenden Belangen und Zielen für die Allgemeinheit. Im Gegensatz dazu drängen große Gemeinden die Menschen in die Rolle von einfachen Zuschauern und erhöhen so die Zahl der Machtlosen unverhältnismäßig. Ein gesunder Geist der Zusammenarbeit respektiert die Gemeindegrenze; sobald eine Idee oder ein Projekt diese Grenzen überschreitet, erlangt sie interkommunale Bedeutung."

Die Gemeinde ist unsere Kultur

Die Direkte Demokratie schwelt wie Glut unter der Asche der aufgelösten Gemeinden und der enttäuschten Personen, die von ihrer Gemeinschaft, zu der sie sich zugehörig fühlten, getrennt wurden. Sie schwelt unter den bürokratischen Auflagen, die dem Volk langsam die Spielräume für die Mitwirkung, für die Übernahme von Verantwortung und für das Treffen von Entscheidungen einschränken. Der Gemeinsinn und der gesunde Menschenverstand, die für die stetige Mitwirkung unerlässlich sind, werden gedemütigt. Man will das Volk wohl vereint, aber passiv und unkritisch die formalen Aufträge ausüben lassen. Man will es geschlossen und einhellig einbinden in den globalen Konsum und in die Verschwendung; es soll seine populistischen Triebe und kurzlebigen Leidenschaften ausleben, die es von seiner eigentlichen Rolle abhalten: direkt und mit Verantwortungsgefühl an der Demokratie teilzunehmen.

Das Wiederaufleben des Gemeinsinns in einer Gemeinschaft zu erproben, ist eine Erfahrung, die den Wert eines intelligenten und spontanen Modells des Zusammenlebens vor Augen führt. Diese Erfahrung schilderte 1980 auch der damalige Bundespräsident Georges-André Chevallaz, indem er einen der Vorzüge, die tief in der Kultur der Schweizer Bevölkerung verwurzelt sind, als eine „physiologische Abneigung gegen die Macht" charakterisierte. In der Schweiz verschwindet die Macht strukturell in den drei Bundesebenen, im System, das auf dem

Referendums- und Initiativrecht gründet, und im ständigen Bezug auf das Allgemeingut, das von der Volksouveränität gehütet wird. Dieses politisch-kulturelle Kunstwerk beinhaltet die wertvolle Saat, aus der die vielschichtige europäische Kultur wachsen kann. Es steht der Versuchung entgegen, sich zentral durchzusetzen und die lebendige Vielfalt auf banale Art zu vereinheitlichen. Zugleich wird die anspruchsvollere aber sicher befriedigendere und weitsichtigere Aufgabe unterstützt, die Verschiedenheiten im gegenseitigen Respekt zusammenzufügen. Dazu meinte Chevallaz, dass eine rein arithmetische Demokratie auch totalitär sein könne.

Eine Schweiz, die beispielhaft das Wesen der Gemeinde und den Geist der Zusammenarbeit durch kreativen Föderalismus bis in die kleinste Realität hinein mit einer aufmerksamen und vibrierenden Mitbeteiligung vorlebt, kann nur ein Ansporn für das uneinheitliche und zerbrechliche junge Europa sein. Dieses, von den gleichen Winden gebeutelt, ist sperrig, unerfahren und zu wenig gut gerüstet, um engmaschig vereint und verbrüdert zu sein, weil der Geist seiner Entwicklung vorwiegend ökonomischer Natur war.

Es sind nicht unerhebliche Anstrengungen nötig, um den Primat der Ethik und des Gemeinsinns für alle wieder zu finden.

Gian Marino Martinaglia ist Unternehmer in der Solarenergiebranche. Er verkörpert die Seele des zivilen Widerstandes in der Tessiner Gemeinde Cadro und ist Begründer von Vereinen für die Stärkung des Gemeinsinns in kantonaler und nationaler Hinsicht.

Robert Nef

LOKALAUTONOMIE HAT ZUKUNFT

Gemeinde, Direkte Demokratie und Steuerwettbewerb

Große Probleme werden lösbarer, wenn man sie experimentell in kleineren Einheiten zu lösen versucht, die jeweils erfolgreichsten Lösungsmuster adaptiert und kopiert und gleich auch wieder neue testet. Das Subsidiaritätsprinzip siedelt die Lösung gemeinsamer Probleme auf der tiefstmöglichen und bürgernahesten Ebene an: auf der privatautonomen und auf der kommunalen. Die Schweiz ist ein erfolgreiches Experiment kantonaler und kommunaler Autonomie. Im Vergleich dazu ist Deutschland ein zentralistisch organisierter Staat. Demgegenüber wird der Schweizer Non-Zentralismus mit seinem Steuerwettbewerb und direktdemokratisch legitimierter Besteuerung den Anforderungen an einen Wettbewerb der Kommunen um die Bereitstellung öffentlicher Leistungen zur Verbesserung der Lebensqualität ihrer Bürger wesentlich besser gerecht.

Man sollte die finanzielle Dimension eines Problems nicht verabsolutieren, aber man sollte sie auch nicht verdrängen. Wer zahlt, befiehlt, und wer keine finanzielle Autonomie hat, hat wenig, das er wirklich selbst bestimmen kann. Gemeinwesen, die von einer zentralen Behörde finanziert werden, sind in der Regel sowohl abhängig als auch korrumpierbar. Das Subsidiaritätsprinzip wird dadurch sehr häufig bei der Anwendung in sein Gegenteil verkehrt. Die Zentralregierung findet erfahrungsgemäß immer wieder neue Argumente für die „bessere" Zuordnung an höhere und bürgerfernere Instanzen.

Noch problematischer wird das Subsidiaritätsprinzip, wenn man die Fähigkeit zur Erfüllung öffentlicher Aufgaben auch an der Möglichkeit misst, sie zu finanzieren. Ein zentralisiertes Steuersystem, bei dem zunächst alle Steuergelder in die Zentrale geleitet werden, wird notwendigerweise eine „Unfähigkeit" zur Erfüllung von Infrastrukturaufgaben untergeordneter Instanzen hervorbringen und praktisch eine Einbahnstraße zur Zentralisierung signalisieren. Es ist natürlich paradox, wenn man das zentralisierte Steuersystem aufrecht erhält und nur die Aufgaben dezentralisiert, ohne den Gemeinden und Gliedstaaten die nötigen Mittel zur Verfügung zu stellen. Diese perfide Form der Dezentralisierung hat vielerorts zur Diskreditierung des Subsidiaritätsprinzips und des Non-Zentralismus beigetragen.

In der Schweiz bestimmen die jeweiligen Bürger und Steuerzahler in direkter Demokratie mit Mehrheitsentscheid über die Höhe der Steuern. Eine Zuständigkeit der Volksmehrheit für die Festlegung der Steuern auf allen Ebenen der Staatsorganisation basiert auf einigen Voraussetzungen, die entscheidend sind. Einmal dürfen die Bemessungsgrundlagen nicht allzu progressiv und „reichtumsfeindlich" ausgestaltet sein. Sonst bewirkt dies eine „demokratische Fremdbestimmung" der Steuerzahler mit höheren Einkommen und endet schließlich mit deren Vertreibung in ein steuergünstigeres Domizil. Pro-Kopf-Abstimmungen funktionieren nur, wenn auch die Pro-Kopf-Betroffenheiten vergleichbar sind.

Die Gefahr eines „race to the bottom", des Wettlaufs zum Nullsteuer- und Nullleistungsstaat, ist nicht von der Hand zu weisen, sie darf aber nicht überschätzt werden. Eine politische Unterversorgung bezüglich Ordnung und Infrastruktur ist umso unwahrscheinlicher, als Vergleichsmöglichkeiten mit andern Gebietskörperschaften bestehen, welche eine Nachfrage nach solchen Gütern besser befriedigen. Für erwünschte und knappe öffentliche Güter lässt sich in vielen Fällen durchaus eine Mehrheit von Steuerzahlern sogar zu Steuererhöhungen motivieren, d.h. man ist bereit, einen höheren Preis zu bezahlen, wenn man dadurch die kollektive Lebensqualität erhöhen kann.

Die hier skizzierte polit-ökonomische Mechanik darf allerdings durch gut gemeinte Ausgleichszahlungen (interkommunaler, interregionaler und internationaler Finanzausgleich, Förderungs- und Strukturfonds aller Art) nicht gestört werden.

Je direkter die Demokratie ist, desto stärker wird der Zusammenhang von Steuer und Gegenleistung wahrgenommen und gegenüber den Behörden, die gleichzeitig Steuern erheben und Infrastruktur bereitstellen, zum politischen Thema gemacht. Der mündige Steuerzahler ist in diesem Fall mit dem mündigen Bürger identisch, welcher dauernd kritisch das Preis/Leistungsverhältnis der von ihm gewählten Behörden überwacht, Sparsamkeit und Transparenz fordert und fördert sowie auf Unterversorgungen aller Art empfindlich reagiert.

Die Ungleichheit unter kleinen politischen Einheiten hat aber auch ihren Preis. Bei vielen kleinen konkurrierenden Einheiten ist das rückständigste, unvernünftigste Gemeinwesen schlechter als dies im Rahmen einer Zentralisierung beim Durchschnitt erzwungen werden könnte. Es hat die undankbare Aufgabe, als schlechtes Beispiel zu dienen.

Die historisch tief verankerte Lokalautonomie in Verbindung mit lokaler Finanz- und Steuerautonomie und einem internen nationalen Wettbewerb bei der Höhe der Besteuerung ist wohl eines der entscheidenden Erfolgsgeheimnisse der Schweiz. Es ist auch eine Trumpfkarte im internationalen Steuerwettbewerb. Wenn sich die Schweiz auf internationaler Ebne gegen den Zwang zur Harmonisierung und Zentralisierung wehrt, so geht es nicht einfach um eine profitable steuerpolitische Nische, sondern um einen Kernbereich des Sonderfalls Schweiz und seines letztlich nicht aufschlüsselbaren Erfolgs.

Steuern haben historisch gesehen mindestens zwei Ursprünge: Tributzahlungen und Klubbeiträge. Tributzahlungen sind historisch bedingt. Sie sind jene Geldleistungen, die ein erobertes Land den Eroberern abliefern mußten, um deren Dienstleistungen abzugelten, selbst wenn diese Dienstleistungen aufgezwungen und gar nicht erwünscht waren. Steuern können aber auch eine Art Klubbeitrag für Leistungen des Gemeinwesens aufgefaßt werden, die zur Erfüllung gemeinsam gewollter und gemeinsam beanspruchter öffentlicher Dienstleistungen gebraucht werden. So sind sie vielerorts in der Schweiz entstanden. Die Schweiz ist nie definitiv erobert worden und hat sich stets gegen jede Art von Tributzahlung gewehrt. Ihr Steuersystem hat sich auf lokaler Ebene entwickelt. Es beruht historisch auf einer Organisation gemeinsamer Arbeiten, z. B. beim Weg- und Wasserleitungsbau. Jeder Bürger war verpflichtet, an öffentlichen Arbeiten und auch bei der militärischen Selbstverteidigung mit der Waffe mitzuwirken. Daraus haben sich schrittweise die lokalen Steuern entwickelt.

Dies tönt alles sehr archaisch, d. h. wie ein Relikt aus längst entschwundenen Epochen. Es ist aber näher an der global vernetzten Realität, als dies auf den ersten Blick scheint. Es gibt mittel- und langfristig kaum Alternativen dazu. Der besteuerte Untertan ist weltweit zum Staatskunden geworden, dessen Bereitschaft, zu zahlen, mit der Qualität der Dienstleistungen verknüpft wird, nach dem Motto „Wo es mir gut geht, wo man mich nicht übermäßig schröpft, ist meine Heimat und mein Steuerdomizil." Die zunehmende Mobilität der Menschen und der Finanzströme eröffnen immer mehr Möglichkeiten legaler Steuerflucht und erschweren die steuerliche Erfassung von Transaktionen. Die Angst, dass diese Art von Konkurrenz der Steuer- und Angebotssysteme zum Staatsruin führe, ist ebenso unbegründet wie die marxistische Verelendungstheorie. Gerade der „gute Steuerzahler" ist nicht an einem Null-Leistungsstaat interessiert, er verlangt lediglich, dass das Preis-Leistungsverhältnis stimmt, und dieses Anliegen deckt sich mit dem Bemühen jeder guten Regierung.

Es hat sich aber im Lauf der Geschichte auch immer wieder gezeigt, dass sich sogenannt rückschrittliche Strukturen plötzlich wieder als modern und fortschrittlich erwiesen haben. Zentralisierung birgt immer auch die Gefahr einer „Vereinheitlichung gemäß dem neuesten Stand des wissenschaftlichen und politischen Irrtums" in sich. Keine Regierung ist davor gefeit. Lauter kleine non-zentrale Irrtümer, die gegeneinander konkurrieren, sind hingegen auf die Dauer auch in puncto Freiheitsgehalt und Lernfähigkeit im Vergleich mit einem großen, hoch zentralisierten System effizienter und – nach außen und innen – weniger gefährlich.

Robert Nef leitete von 1979 bis 2007 das Liberale Institut *in Zürich und ist heute Präsident von dessen Stiftungsrat. Er ist auch Mitglied des Verwaltungsrats des* Institut Constant Rebecque *in Lausanne, des* Ludwig von Mises Institute Europe *in Brüssel, des Beirats der* Arbeitsgemeinschaft Selbständiger Unternehmer *in Berlin und Präsident des Stiftungsrats der* Stiftung für Abendländische Ethik und Kultur *in Zürich. Von 1991 bis 2008 war er Mitherausgeber und Redaktor der* Schweizer Monatshefte. *Zahlreiche weitere Veröffentlichungen in Zeitungen und in Buchform. Zuletzt erschien 2006 sein Schiller-Brevier* Dichter der Freiheit. *2007 wurde ihm die Hayek-Medaille verliehen.*

Cornelio Sommaruga

„DIE SCHWEIZERFAHNE MIT UMGEKEHRTEN FARBEN"

Wie und warum das *Rote Kreuz* entstand

Ich werde heute über das *Rote Kreuz* sprechen und mit einem Zitat beginnen:

„Ein Mann ganz alleine,

... eine so leise Stimme,

... und wenn ich in meinem Herzen berührt bin, kann ich die anderen dann vielleicht erreichen? Kann mein Gewissen als Bruder aufgerüttelt werden? ...

Hier ist mein Platz! Ein Einziger – Mann oder Frau – kann den Unterschied ausmachen!"

Diese Zeilen – in meiner freien Übersetzung aus dem Englischen – stammen aus dem Theaterstück *Solferino*, zum ersten Mal in San Francisco im Jahr 1985 vorgetragen – und es sind die Worte von Henry Dunant.

Und da wären wir bei dem, was ich heute erzählen möchte. Alles begann in Solferino, wo ein Mann ganz alleine – fast zufällig – Zeuge der furchtbaren Schlacht wurde, bei der sich vor 150 Jahren, am 24. Juni 1859, im Dreieck zwischen Mantova, Brescia und Verona, die französisch-piemontesischen Truppen von Napoleon dem Dritten und Vittorio Emanuele dem Zweiten von Savoyen der kaiserlichen österreichischen Armee gegenüberstanden. Dunant war von der außergewöhnlichen persönlichen Hilfsbereitschaft, dem Verantwortungssinn und der Solidarität der lombardischen Frauen beeindruckt. Es gibt eine schöne Seite aus *Andenken an Solferino*, in der Henry Dunant den Frauen von Solferino und Castiglione delle Stiviere wörtlich sagt, dass sie „allen diesen fremden Männern verschiedener

Herkunft das gleiche Wohlwollen entgegenbringen [...] Seien diese barmherzigen Geschöpfe geehrt, seien die Frauen von Castiglione geehrt: Nichts konnte sie aufhalten, nichts konnte sie ermüden oder entmutigen und ihre bescheidene Zuwendung scheute keinerlei Mühe, Unannehmlichkeiten oder Opfer." Und Dunant sagt weiter: „Die moralische Verpflichtung, das menschliche Leben zu achten und der Wunsch, die Qualen vieler Unglücklicher ein wenig zu lindern oder sie aufzumuntern, sowie die Dauerbelastung in solchen Momenten, erzeugen außergewöhnliche, menschliche Stärke und den echten Drang, so vielen wie möglich zu helfen."

Die Gedenktafel im Dom von Castiglione erinnert daran, dass hier, bei der Pflege der Verwundeten der Schlacht von Solferino, die Idee des *Roten Kreuzes* geboren wurde. Aus diesem Grund war es mir wichtig, in diesem Jahr, 150 Jahre nach dem Krieg, diesen Ort zu besuchen. Diese Erfahrung von Solidarität und Verantwortung, die Dunant erlebt hatte, wurde fünf Jahre später mit der ersten Genfer Konvention bekräftigt, „um das Schicksal der verwundeten Soldaten auf dem Feld zu verbessern."

Jean Monnet, der Vater der europäischen Integration, die schrittweise zur heutigen *Europäischen Union* geführt hatte, sagte: „Nichts ist möglich ohne die Menschen, nichts ist dauerhaft ohne die Institutionen." Um die Konvention zu verwirklichen, brauchte es eine Gruppe von Bürgern, welche die Idee Henry Dunants aufnahm, und die ein Abkommen zwischen den Staaten fördern sollte. So entstand im Jahr 1863 das *Internationale Komitee*, später das *Rote Kreuz* genannt, das von fünf Genfer Bürgern gegründet wurde. Der Schweizerische Bundesrat lud als Gastregierung zu einem diplomatischen Treffen der Regierungsvertreter ein. An diesem Treffen wurden die Konventionen verhandelt und schließlich unterzeichnet. Das von den Bevollmächtigten von zwölf Staaten vor 145 Jahren unterschriebene Dokument war revolutionär. Nach nur zehn Verhandlungstagen konnte die große Idee Dunants konkret in Form eines Komitees und einer Konvention realisiert werden. Warum war dies für jene Zeiten revolutionär? Die Staaten anerkannten erstmals klar und ausdrücklich, dass verwundete und sterbende Soldaten nicht einfach unvermeidbare und daher vernachlässigbare sekundäre Folgen des Krieges waren. Nein! Die Kriegsopfer sind leidende Menschen und niemand darf es sich leisten, sie zu vergessen oder gar zu verstoßen – Solidarität und Verantwortung fanden Eingang ins Völkerrecht. Die Opfer haben ohne jegliche Diskriminierung das Recht auf Betreuung und Hilfe, sei es von Freunden sowie auch von Feinden. Vergessen wir den Appell der lombardischen Frauen, welche die Verwundeten pflegten, nicht. Sie sagten „alle sind Brüder" und haben damit das Prinzip der Unparteilichkeit bekundet, das *Verantwortung und Solidarität* beinhaltet. Es gibt keine guten oder bösen Opfer: Alle haben das Recht auf Hilfe. Die vier Genfer Konventionen des Jahres 1949, also vor 60 Jahren, zeigen auf, dass die Verwundeten der Schlachtfelder, die Verletzten und Schiffbrüchigen der Seekriege, die Gefangenen und die Zivilbevölkerung Opfer sind, die es zu schützen und zu betreuen gilt. Also alle, die nicht kämpfen oder nicht mehr kämpfen. Es handelt sich um moralische Prinzipien, die für alle Religionen, Kulturen und Überzeugungen gemeinsam gelten und die für beide Parteien zu rechtlich verbindlichen Verpflichtungen geworden sind.

Warum der Name *Rotes Kreuz*, werdet ihr fragen. Ich habe viel über das *Rote Kreuz* gesagt, und euch die Prinzipien erklärt, aber nicht wirklich, was es ist und warum es so heißt. Einer meiner Vorgänger, der ehemalige IKRK-Präsident Max Huber, ein bedeutender Jurist, der mit der Universität Zürich verbunden war sagte: „Das wesentliche und entscheidende Prinzip des *Roten Kreuzes* ist die Idee der Verantwortung der Menschen für das Leiden." Ich glaube dies braucht keine zusätzlichen Erläuterungen, als sich an einen weiteren Satz von Max Huber zu erinnern: „Wir müssen den Völkern der Welt keine Vorträge halten. Was zählt, ist nicht, was das *Rote Kreuz* sagt, sondern was es ist und was es mit Hingabe, Uneigennützigkeit und Ausdauer tut."

Aber ich wiederhole die Frage: „Warum heißt diese Bewegung so? Die Frage wird selten gestellt, weil das Bild des *Roten Kreuzes* bei uns tief verankert ist – mit positiven Vorzeichen, manchmal auch mit negativen –, dass man es unterlässt, die Gründe dafür zu vertiefen. Dunant hatte auf der Notwendigkeit bestanden, das freiwillige Personal, das die Verwundeten aller Parteien versorgte, mit einem einzigen allgemein geltenden Emblem zu schützen. Der Vorschlag kam nicht von Dunant selbst. Wie aus den Akten ersichtlich ist, entschieden sich die Pioniere der ersten Begegnung in Genf, als Symbol die Schweizerfahne mit umgekehrten Farben zu wählen. Dies sollte die Tatsache anerkennen, dass die Schweiz die Konferenz einberufen hatte, sowie ein Zeichen der Anerkennung ihrer immer währenden Neutralität sein. Das rote Kreuz ist ein einfaches Symbol, gut ersichtlich und leicht herzustellen für jedermann, beispielsweise mit dem Blut eines Verwundeten auf einem weißen Tuch. Das Zeichen des *Roten Kreuzes* entstand vor 145 Jahren, wurde einstimmig akzeptiert und sofort im Völkerrecht der ersten Genfer Konvention verankert. Kein direkter Zusammenhang besteht zum Symbol des Christentums, weil die Neutralität der neuen Bewegung seit Beginn auf die verschiedenen religiösen Konfessionen ausgerichtet war. Das *Rote Kreuz* erlebte damals einen triumphalen und friedlichen Einzug in die Welt, bevor die Bewegung wie heute hieß: Es war nämlich durch eine holländische Initiative, dass die nationalen Gesellschaften sowie auch das heutige IKRK, offiziell den Namen *Rotes Kreuz* bekamen. Seither kämpften und kämpfen Legionen von unsichtbaren Freiwilligen ohne Eisen und Feuer, sondern für das Ideal der Brüderlichkeit und der menschlichen Solidarität. Sie nehmen damit den mutigen und schwierigen Kampf gegen die Leiden und gegen viele Formen von Ungerechtigkeit auf sich. Das *Rote Kreuz* ist keine Ideologie, sondern erreicht als konkrete und spontane Tat die Menschen im Zentrum ihrer physischen und moralischen Leiden.

Aber was bedeutet, werdet ihr mich fragen, dieser *Rote Halbmond*, den man im Logo von etwa dreißig Staaten sieht? Es gibt hier tatsächlich einen Widerspruch zu den Wünschen Dunants und der ersten Konferenz von Genf, aus Neutralitätsgründen ein einziges international anerkanntes Symbol zu haben. Der rote Mond war bereits vor dem Ende des 19. Jahrhunderts aufgetaucht, als die türkischen Freiwilligen des Osmanischen Kaiserreiches – im so genannten Krieg des Balkans gegen das russische Kaiserreich – das rote Kreuz ablehnten und es mit dem roten Halbmond ersetzten. Die ersten Spuren finden sich in den Akten des IKRK vom Jahr 1876 und der erste formale Anerkennungsversuch um 1906. Erst nach dem Ersten Weltkrieg, als 1929 die Konferenz zur Revision der Konventionen stattfand, wurde der Halbmond offiziell als zusätzliches Schutzemblem anerkannt. Es sind die Regierungen, die ein Emblem für ihr Land auswählen, für die ärztlichen Dienste der Armee und die Nationalen Gesellschaften. Die zwei Embleme bedeuten das Gleiche und ziehen die gleichen Verpflichtungen und Rechte nach sich, insbesondere im Bereich des Schutzes. So ist mit den Jahren von verschiedenen neuen nationalen Gesellschaften von Ländern mit islamischer Religion der Halbmond dem Kreuz vorgezogen worden. Der religiöse Aspekt des Symbols ist somit mehr durch den Halbmond als durch das Kreuz unterstrichen worden, und letzteres wird noch heute von islamischen Ländern wie Indonesien und Senegal gebraucht. Seit ein paar Jahren steht ein zusätzliches Emblem zur Auswahl, der rote Kristall. Auch dies, um jene Länder zu befriedigen, vor allem Israel, die Schwierigkeiten mit den anderen zwei Emblemen bekunden. Ich selbst hatte in einem Artikel der internationalen Revue des *Roten Kreuzes* vom Juli 1992 vorgeschlagen, an der Suche eines neuen Logos als Zusatz zu den bestehenden zu arbeiten. Regierungen und nationale Gesellschaften unterschrieben nach unglaublich langen Konsultationen und Verhandlungen im Jahr 2005 endlich ein Protokoll, das ein zusätzliches Emblem definiert.

Ich möchte nun noch etwas über mich und über die Gründe berichten, die mich zur Annahme des Präsidiums des IKRK bewogen, nachdem ich von Genf beharrlich darum gebeten worden war. Es war eine große Überraschung und meine sofortige Sorge war – falls ich angenommen hätte –, wie ich mich von meiner Funktion als Staatssekretär lösen sollte, ohne ein politisches Problem auszulösen, weil die Mitglieder des Bundesrates nichts davon wussten. Ich beriet mich mit einem ehemaligen Bundesrat und lud meine sechs Kinder nach Bern ein, um zusammen mit meiner Frau eine aufrichtige Diskussion zu führen. Mein Entscheid fiel positiv aus und – trotz zahlreicher Schwierigkeiten – bin ich noch heute glücklich, zugesagt zu haben.

Als ich meine Arbeit beim IKRK begann, suchte ich mir einen Denkspruch aus, eine Trilogie: Beständigkeit, Strenge, Bescheidenheit. Der IKRK-Delegierte, also auch sein Präsident, muss beharrlich sein und nicht bei der ersten Schwierigkeit aufgeben. Beständigkeit als moralische Qualität ist in der gesamten Arbeit erforderlich, nicht nur beim *Roten Kreuz*, sondern bei allen Männern und Frauen guten Willens, die sich bei humanitären Einsätzen engagieren. Dies ist in der jetzigen angespannten Periode noch wichtiger, man darf sich auf keinen Fall weder in Bürgerkriegen oder in internationalen Kriegssituationen noch bei den Folgen des Terrorismus entmutigen lassen. Ich versuchte immer die Verantwortung des IKRK als allgemeine Aufgabe gegenüber dem Elend der Welt zu sehen, die mehr denn je aktive Präsenz und professionelle Beharrlichkeit und Strenge forderte, wobei alle Handlungen auf die Konventionen und auf die grundlegenden Prinzipien abgestützt sein müssen. Auf die Bescheidenheit lege ich Wert, weil der Kampf gegen das Leiden nie wirklich gewonnen werden kann, es handelt sich vielmehr um einen täglichen Verteidigungskampf. Es ist das Engagement des dritten Kämpfers zwischen den Fronten, welches das IKRK als seine Aufgabe außerhalb von juristischen Bestimmungen betrachtet, also auch aufgrund seiner eigenen humanitären Initiative, die menschliche Würde auch in internationalen oder internen Konfliktsituationen zu achten.

Ich erwähnte die vielen Schwierigkeiten: die Sicherheit unserer Delegierten – es gab verschiedene Entführungen und leider eine beträchtliche Anzahl menschlicher Verluste –; die Finanzen (als ich 1999 das IKRK verließ, wurde jährlich eine Milliarde gebraucht); die Personalpolitik, die ausländischen Delegierten mussten integriert werden; Regierungen und bewaffnete Rebellengruppen mussten unter Druck gesetzt werden, damit sie die humanitären Regeln einhielten; bei internationalen Organisationen und bei bilateralen Treffen auf hohem Niveau musste ich anwesend sein, um den Zweck und die Prinzipien der IKRK Missionen zu erklären; die oft heikle Auswahl bei der Bildung von Delegationen und/oder von Missionen auf dem Feld, im Wissen, dass die Konventionen des IKRK die Anwesenheit in allen bewaffneten Konflikten verlangen; die Unabhängigkeit von nationalen Gesellschaften und von Regierungen, auch von derjenigen der Schweiz, was laufend unterstrichen werden musste und viele andere Herausforderungen. Mir wurde auch die große Wahrheit des Ausspruchs einer meiner Vorgänger bewusst: „Der Präsident des IKRK ist wie ein einsamer Schwimmer im Ozean der internationalen Politik, der die Kraft haben muss, nie zu trinken, weil er sonst in den Streitigkeiten leicht ertrinken könnte, was ihn daran hindern würde, neutral, glaubwürdig und effizient zu sein." Darum sprach ich oft das Gebet des heiligen Franziskus: „Herr gib mir die Gelassenheit, das was ich nicht ändern kann zu ertragen, den Mut, das zu verändern was ich kann, die Weisheit, das eine vom anderen zu unterscheiden."

Cornelio Sommaruga war von 1987 bis 1999 Präsident des Internationalen Komitees des Roten Kreuzes *IKRK. Der Vortrag wurde am 22. Oktober 2009 im Rahmen einer Veranstaltung von* Pro Ticino *gehalten, bei der Sommaruga Ehrenmitglied ist. Titel des Redemanuskripts war „Das Rote Kreuz – Verantwortung und*

Solidarität". Für den Abdruck in diesem Buch – mit freundlicher Genehmigung von Herrn Sommaruga – wurde der Titel von der Redaktion modifiziert und der Text gekürzt.

Urs Knoblauch

DIE HUMANITÄRE SCHWEIZ

Uneigennützige Hilfe für Flüchtlingskinder und Familien vor allem im Zweiten Weltkrieg

Wer sich ernsthaft mit der humanitären Tradition der Schweiz befasst, stößt immer wieder auf eindrückliche Beispiele uneigennütziger und spontaner Hilfeleistung für Notleidende. Immer wieder haben sich unzählige Menschen, Hilfsorganisationen und Institutionen in der Schweiz dafür engagiert. „Die Schweizerische Asyltradition reicht ins 16. Jahrhundert zur Aufnahme der Hugenotten zurück. Seit dem Ende des 18. Jahrhundert flüchteten die gescheiterten Revolutionäre aus Polen, Deutschland und Russland in die Schweiz", schreibt Helena Kanyar Becker im Katalog zur Ausstellung in der Universität Bern „Humanitäre Schweiz 1933-1945. Kinder auf der Flucht". (1) Im Deutsch-Französischen Krieg nahm die neutrale Schweiz 1870/71 mit dem kurz zuvor gegründeten *Roten Kreuz* 87.000 erschöpfte Soldaten der geschlagenen Bourbaki-Armee liebevoll auf. (2)

Auch während des Ersten Weltkrieges wurden in der Schweiz viele zivile Flüchtlinge, Verwundete, Kriegsgefangene und Internierte aufgenommen, gepflegt und betreut. „Man lud vor allem Kinder aus Kriegsgebieten zur Erholung ein, die in Gastfamilien sechs bis zehn Wochen lebten. Die etwa 20 Hilfskomitees vereinigten sich im Schweizerischen Zentralkomitee für notleidende Auslandkinder. Die „Kinderzüge" rollten noch während der Hungersnot nach dem Kriegsende, 1917-1921 erholten sich 124.503 Kinder in der Schweiz". (3) Auch viele Künstler fanden in der Schweiz Zuflucht. Es sind alles Beispiele menschlicher Hilfsbereitschaft und Nachbarschaftshilfe, wie sie zur gemeinschaftlich und genossenschaftlich aufgebauten

Eidgenossenschaft gehören. Stadt und Land, Berg und Tal sind miteinander menschlich verbunden. Die Schweiz ist eine eigenständige, leistungsfähige und weltoffene „Willensnation", wie es der ehemalige Bundesrat Kaspar Villiger in seinem 2008 erschienenen lesenswerten Buch darlegt. (4) Die Schweiz ist ein anspruchsvolles und hochkultiviertes Menschenwerk und Staatswesen, es „ist ein Land für reife Leute" wie es der große Schweizer Schriftsteller Meinrad Inglin (1893-1971) in seinem sehr lesenswerten historisch-dokumentarischen Familienroman *Schweizerspiegel* 1938 darlegte. Darin wird auch die humanitäre Hilfe der Schweizer an Notleidende zur Zeit des Ersten und beginnenden Zweiten Weltkrieges ausführlich geschildert. Meinrad Inglin beschreibt das Werden einer lebendigen Demokratie, das Interesse am Wohl der Menschen und der Welt, eine soziale Kultur, die in der Familie und in der Gemeinde entsteht. Die Vielfalt der persönlichen Gedanken und Argumente und die Anliegen der politischen Parteien werden im Roman lebhaft diskutiert, das reichhaltige Vereinsleben und die vielfältige Presse tragen ebenso zu diesem lebendigen Dialog bei. So schreibt Meinrad Inglin: Die Schweiz, dieser Staat „eignet sich schlecht als Tummelplatz für Unmündige; er ist im Gegenteil auf Maß und Gleichgewicht angewiesen." (5)

Auch in Henri Dunants Aufbau des *Roten Kreuzes*, im Wirken des IKRK und in den großen Rechtswerken der Allgemeinen Erklärung der Menschenrechte, der UNO und im Humanitären Völkerrecht wird diese Ethik der Menschlichkeit und der humanitären Hilfeleistung deutlich. Die Schweiz ist auch Depositarstaat der Genfer Konventionen und trägt für die Friedenspolitik eine große Verantwortung. (6)

Die Schweiz besitzt viele kirchliche, staatliche und zivile Hilfsorganisationen, die seit Jahrzehnten weltweit ausgezeichnete Entwicklungszusammenarbeit und Hilfe zur Selbsthilfe leisten. Die Schweizerische DEZA (*Direktion für Entwicklung und Zusammenarbeit*) ist dafür ein Beispiel. Diese soziale Haltung ist die wertvollste Substanz der Schweiz, sie ist zugleich auch eine der wichtigsten anthropologischen Konstanten in der Kulturgeschichte der Menschheit.

Schweizer Hilfswerke im Zweiten Weltkrieg

Dass die Schweizer Bevölkerung gerade den Not leidenden Kindern im kriegszerstörten Deutschland wertvolle humanitäre Hilfe geleistet hat, wird da und dort gerne verschwiegen, weil es offenbar nicht in die gegenwärtige politische Angriffsstrategie gegen die Schweiz passt. (7)

Es darf aber nicht verschwiegen oder vergessen werden, wie vorbildlich die Schweiz dem kriegsgeschädigten Deutschland geholfen hat. Gerade das Hilfswerk die „Schweizerspende" hat deutschen Kindern und Familien in den Nachkriegsjahren sehr viel geholfen. Die Eidgenossenschaft, Schulkinder, alle Berufs- und Gesellschaftskreise, einschließlich der Künstler leisteten spontane und uneigennützige Hilfe an die Not Leidenden und Kriegsopfer im Zweiten Weltkrieg. In der ganzen Schweiz war die Solidarität groß und es wurde überall gesammelt und gespendet, obwohl auch hier die Nahrungsmittel und vieles fehlten und rationiert waren. Die Botschaft des Bundesrates vom 1. Dezember 1944 wandte sich an die Schweizer Bevölkerung: „Die Schweizer Spende an die Kriegsgeschädigten soll unserer Bevölkerung Gelegenheit bieten, die Gefühle der Nächstenliebe, die sie empfindet, zu bezeugen. [...] Diese karitative Mission entspricht einer der achtbarsten Überlieferungen der Schweiz. Wir betreten damit keine neuen Wege. Weil aber das zu lindernde Elend verbreitet ist und tiefer geht als je zuvor, muss auch unsere Hilfsbereitschaft nach einer entsprechenden Kraftanstrengung rufen." (8)

Einen wertvollen Beitrag zur Solidarität leisteten auch die Schweizer Künstler mit Bildern, Plakaten und Aufrufen, wie beispielsweise der 2009 100-jährig gewordene und immer noch aktive Kunstmaler Hans Erni. (9)

Ebenso trugen die Pioniere der Schweizer Reportage- und sozialdokumentarischen Fotografie, wie beispielsweise Werner Bischof (1916-1954), mit ihren einfühlsamen Aufnahmen aus den Kriegsgebieten zur großen Spendenbereitschaft bei. 150 Millionen Franken wurden vom Bund beigesteuert, „50 Millionen Franken wurden zusätzlich im Frühjahr 1945 durch eine große öffentliche Sammlung von der Schweizer Bevölkerung, von der Wirtschaft, den Gemeinden und Kantonen beigesteuert." (10) Auch die Schweizer Bevölkerung war durch den Krieg in vielen Lebensbereichen eingeschränkt, trotzdem war die Hilfsbereitschaft groß. Mit vielen Freiwilligen und mit Spendengelder konnte 1946 auch das „Pestalozzi-Kinderdorf" in Trogen im Kanton Appenzell aufgebaut werden. Es bot vielen der unzähligen Kindern und Kriegswaisen aus Europa zur Zeit des Zweiten Weltkrieges ein neues Zuhause. Bis heute wird im Kinderdorf vielfältige humanitäre Hilfe und Friedenserziehung geleistet. (11)

Augenzeugen berichten

Hildegard Nagler 2004 hat anhand von Zeitzeugen, Lesern der *Schwäbischen Zeitung* und Dokumenten im süddeutschen Raum und im Dreiländereck am Bodensee gründlich über die humanitäre Kinderhilfe der Schweiz für Deutschland zur Zeit des Zweiten Weltkrieges recherchiert und das sehr lesenswerte Buch *Das Wunder einer Reise – Die Schweizer Kinder und ihre Fahrt ins Märchenland* vorgelegt. (12)

Das Buch beinhaltet einen Schatz an menschlich berührenden Dokumenten. „Der Zweite Weltkrieg ist vorbei, das Deutsche Reich liegt in Trümmern. Überall herrscht Not. Am meisten leiden die Kinder. Was die Herzen der Schweizer rührt. Sie bringen den Mädchen und Buben im Südwesten Deutschlands und im Vorarlberg mit Liebesgaben und Einladungen in die Schweiz wieder Hoffnung." So schildern zahlreiche Zeitzeugen, wie sie damals als Kinder mit einem der Schiffe im November 1946 mit 600 anderen „Sonntagskindern" aus Deutschland nach Rorschach und anderen Gemeinden des Schweizer Bodenseeufers fahren konnten und liebevoll aufgenommen wurden. Katholische Hilfswerke, das *Hilfswerk der Evangelischen Kirchen der Schweiz* (HEKS), Familien, Gemeinden und Vereine waren spontan aktiv. Auch der bedeutende Schweizer Historiker Prof. Dr. Georg Thürer „war ein Initiant der Ostschweizerischen Grenzlandhilfe, die unter anderem im Dezember 1945 eine Lastwagenkolonne mit lebenswichtigen Gütern nach München organisierte...". (13)

Der Stadtarchivar von Friedrichshafen Dr. Georg Wieland schreibt als Dank für das Erscheinen des Buches mit den eindrücklichen Texten und Fotodokumenten: „Die Einladung in Schweizer Familien, der Aufenthalt in einer intakten Umgebung und Geschenke haben Kindern aus Friedrichshafen und anderen Orten der Region tiefe Eindrücke vermittelt, an die sich die meisten zweifellos ein Leben lang erinnern werden. [...] Den Initiatoren dieses Projektes danke ich von Herzen für ihr ehrenamtliches Engagement. Die Geschichte der ‚Schweizer Kinder' muss weiter getragen, für die nachfolgenden Generationen erhalten werden. Sie ist ein Stück Menschlichkeit, das über alle Kriege und über alles Elend siegt." (14)

Auch die Historiker Bernd Haunfelder und Markus Schmitz haben schon 2002 mit ihrem Buch *Humanität und Diplomatie – Die Schweiz in Köln 1940-1949* (15) das „vielseitige humanitäre und diplomatische Engagement der Schweiz im Köln der vierziger Jahre" aufgearbeitet. Dabei wird sowohl der Beitrag, den die „Schweizer Spende an die Kriegsgeschädigten zur Linderung von Not und Elend" in Europa leistete, wie auch das couragierte Verhalten einzelner Schweizer Diplomaten für die Hilfe an den hungernden Kinder dargestellt. (16)

2007 erschien vom bekannten deutschen Historiker und Publizisten Bernd Haunfelder das ausgezeichnete Buch *Kinderzüge in die Schweiz – Die Deutschlandhilfe des Schweizerischen Roten Kreuzes 1946-1956*. (17) Richard von Weizsäcker würdigte im Geleit die Leistung der Schweiz, er schreibt: „Das Land, dem ich mich durch meine Kinder- und Jugendzeit in Basel und Bern seit jeher verbunden fühle, hat damals wirklich Großes geleistet. [...] In zahlreichen deutschen Großstädten gab es Zentren der ‚Schweizer Spende‘ und viele Ältere werden sich noch an die umfangreichen Speisungen aus unserem Nachbarland erinnern. [...] Fast 44.000 deutsche Kinder waren nach dem Kriege von Schweizer Gasteltern zu einem dreimonatigen Erholungsaufenthalt eingeladen worden, über 181.000 waren es insgesamt aus ganz Europa – eine wahrlich beeindruckende Zahl. [...] Es ist wichtig, dass sich Deutschland der umfangreichen Hilfe des Auslands nach 1945 immer wieder erinnert." (18)

Haunfelders Buch gibt auch der jüngeren Generation Einblick in die damalige Lebenswirklichkeit, aber zugleich auch ins heutige Kriegselend vieler Menschen. Der Autor rückt auch Missverständnisse zur Schweizer Neutralität zurecht: „Auch wenn die Neutralität das Einschreiten für eine Kriegspartei verbot, so schloss das berühmte Leitbild der Schweizer Außenpolitik eine Verantwortung für Europa keineswegs aus. [...] Dass die Schweiz zu den ersten Ländern zählte, die Hilfe in das zerstörte Deutschland gebracht hatte, war an sich schon außergewöhnlich, aber der Hinweis, dass die Eidgenossenschaft, gemessen an Einwohnerzahl – seinerzeit etwa 4,3 Millionen – und finanziellem Aufwand, unter allen Staaten, die Deutschland unterstützten, die größte Last getragen hat und, so gesehen, vergleichsweise mehr als die Vereinigten Staaten leistete, war sehr bemerkenswert." Haunfelder erinnert in diesem Zusammenhang an weitere Fakten, welche heute weitgehend verschwiegen werden: „Das Verhalten der Schweizer Bevölkerung mit ihrer Hilfe für das kriegsversehrte Deutschland ist umso bemerkenswerter, als sich die Schulden, welche das insolvente Naziregime am Ende des

Krieges gegenüber der Schweiz hinterließ, auf 1,2 Milliarden Franken beliefen, nach heutigem Wert etwa sechs Milliarden Franken. Mit erpresserischen Mitteln hatte das ‚Dritte Reich' stets die schwierige Lage der Schweiz ausgenutzt und sich finanziell wie materiell an dem eingeschlossenen Land bedient.[...] Erst 1952 einigten sich die Schweiz und Deutschland in einem Staatsvertrag, wonach die Bundesrepublik als Rechtsnachfolgerin des ‚Dritten Reiches' der Schweiz nur rund die Hälfte der Schulden zurückzahlen musste." (19)

Meinrad Inglin hat im erwähnten *Schweizerspiegel* die Eidgenossenschaft mit ihrem sozialen und demokratischen Staatsverständnis realistisch beschrieben: „Dieses geistige geräumige, außerordentlich tolerante demokratische Staatswesen ist das denkbar Klügste, was sich so eine gemischte Gesellschaft wie unser Volk im Lauf der Jahrhunderte erschaffen konnte. Ich hab darüber nachgedacht und mich in der Welt umgesehen: Es gibt nichts Besseres!" Deshalb ist „die Schweiz ein Land für reife Leute." (20) Warum sollen andere nicht ganz bescheiden und dankbar von ihr lernen?

Urs Knoblauch, Jg. 1947, ist Kulturpublizist, Gymnasiallehrer und Bildender Künstler. Themenschwerpunkte: Soziale Gerechtigkeit, humanitäres Wirken, Entwicklungszusammenarbeit, Kultur und Frieden. Lebt und arbeitet in Zürich und Fruthwilen. (www. kultur-und-frieden.ch)

Literaturangaben:
1. Urs Knoblauch, in Wochenzeitung *Zeit-Fragen* Nr. 43, 8.11.2004, „Die Schweiz als Hüterin der humanitären Tradition – Zur Ausstellung ‚Humanitäre Schweiz 1933-1945, Kinder auf der Flucht' an der Universität Bern)
2. Urs Knoblauch, in *Neues Bülacher Tagblatt*, 24.6.2000, „Die neutrale Schweiz und ihre reiche humanitäre Tradition – Zur Neueröffnung des Bourbaki-Panoramas in Luzern" und Zeit-Fragen
3. Vgl. Lit. 1

4. Kaspar Villiger, *Eine Willensnation muss wollen – Die politische Kultur der Schweiz: Zukunfts- oder Auslaufmodell*, Verlag Neue Zürcher Zeitung, Zürich 2009

5. Meinrad Inglin, *Schweizerspiegel*, Buchclub Ex Libris, Zürich, 1965

6. Vgl. Urs Knoblauch in *Zeit-Fragen*, Nr. 28, 13.7.2009 und Nr. 29, 20.7.2009.

7. Als Protest gegen die infamen Angriffe aus Deutschland bezüglich der Souveränität der Schweiz und ihrer Steuer- und Finanzpolitik wurden im Frühjahr 2009 vom Verfasser dieses Beitrags zusammen mit seiner Frau die Bürgerinitiative und der Aufruf „Untersee-Erklärung" in der Regionalzeitung *Bote vom Untersees und Rhein* am 12. Mai 2009 abgedruckt. Darin wurde auf die Tradition der humanitären Schweiz und der Nachbarschaftshilfe am Bodensee „Der See verbindet uns" hingewiesen.

8. Urs Knoblauch, in Wochenzeitung *Zeit-Fragen*, 1.7.2002 „Die Schweizer Spende – gelebte Nächstenliebe"

9. Urs Knoblauch, in Zeit-Fragen Nr. 30, 27.7.2009, „Diese Confédération ist etwas Wunderbares – Ausstellung zum 100. Geburtstag des großen Schweizer Künstlers Hans Erni"

10. Vgl. Lit. 8

11. Urs Knoblauch, in *Zeit-Frage*n, Nr. 13/14, 3.4., 207 „Allen Kindern im Krieg gewidmet – 60 Jahre Kinderdorf Pestalozzi – ein Beispiel der humanitären Schweiz"

12. Urs Knoblauch, in *Zeit-Fragen* Nr. 49/50, 20.12.2004, „Allen Kindern in Not gewidmet – Zur humanitären Kinderhilfe in der Schweiz zur Zeit des Zweiten Weltkrieges"

13. Vgl. Lit. 12

14. Vgl. Lit. 12

15. Markus Schmitz und Bernd Haunfelder, *Humanität und Diplomatie – Die Schweiz in Köln 1940-1949*, Verlag Aschendorff, Münster, 2002

16. Vgl. Lit. 15

17. Bernd Haunfelder, Kinderzüge in die *Schweiz – Die Deutschlandhilfe des Schweizerischen Roten Kreuzes 1946-1956*, Aschendorff-Verlag, Münster, 2007

18. Vgl. Lit. 17

19. Vgl. Lit. 17

20. Vgl. Lit. 5

II.

Die Angriffe auf die Schweiz

„*Sie werden kommen, unsre Schaf' und Rinder*
Zu zählen, unsre Alpen abzumessen,
Den Hochflug und das Hochgewilde bannen
In unsern freien Wäldern, ihren Schlagbaum
An unsre Brücken, unsre Tore setzen,
Mit unsrer Armut ihre Länderkäufe,
Mit unserm Blute ihre Kriege zahlen [...]"

Friedrich Schiller, *Wilhelm Tell*

Luzi Stamm

DIE SCHWEIZ IM ZWEITEN WELTKRIEG

Die Rufmordkampagne der neunziger Jahre

Es ist nicht das erste Mal, dass die Schweiz mit heftigen Angriffen konfrontiert ist. In der zweiten Hälfte der neunziger Jahre wurde aus heiterem Himmel – verbunden mit einer entsprechenden internationalen Medienkampagne – der Vorwurf aufgetischt, in der Schweiz lägen Milliardensummen, welche Schweizer Banken angeblichen Kriegsopfern des Zweiten Weltkriegs abgenommen hätten. Nach drei Jahren Auseinandersetzungen bezahlten die Schweizer Banken 1998 aufgrund des aufgebauten Drucks eine Milliarden-Entschädigung.

Wer die Geschichte des Zweiten Weltkriegs auch nur einigermaßen kennt, musste sich die Augen reiben. Im folgenden seien vier Beispiele aufgeführt, welche die Absurdität der damaligen Angriffe aufzeigen. Sie führen automatisch zur Frage: Wie ist es möglich, dass ausgerechnet die Schweiz Zielscheibe dieser Attacken wurde? Mögliches Ziel der haltlosen Anschuldigungen sind im kurzen Fazit am Schluss dieses Aufsatzes zusammengefasst.

1. Ausgerechnet die damals umzingelte Schweiz soll zahlen?

Der Zweite Weltkrieg forderte über fünfzig Millionen Tote, Millionen davon wurden zu Tode gequält. Abermillionen von Menschen blieben durch den Krieg gesundheitlich schwer geschädigt. Hunderte von Millionen verloren all ihr Hab und Gut; die zerstörten Sachwerte waren so hoch, dass sie gar nicht mehr sinnvoll beziffert werden können.

Aber all die unzähligen Täter, Kriegsverbrecher, Mörder und Sadisten blieben – mit wenigen Ausnahmen – straflos. Unzählige Opfer, welche Angehörige oder die eigene Gesundheit verloren hatten, bekamen keine Entschädigung. Von denjenigen, die durch den Krieg finanziell ruiniert worden waren, ohnehin ganz zu schweigen. Doch mehr als fünfzig Jahre nach Kriegsende erhob sich plötzlich eine Welle der Entrüstung gegen die Schweiz: Einige wenige, die möglicherweise noch ein paar Franken auf Schweizer Bankkonten liegen hätten, müssten Milliarden erhalten, weil sie angeblich durch Schweizer Banken betrogen worden seien.

Weshalb sollte ausgerechnet die Schweiz bezahlen und zum Beispiel nicht Österreich, das damals mit fliegenden Fahnen zu Hitlerdeutschland übergelaufen war? Weshalb die Schweiz und nicht Italien als damaliges Mitglied der Achsenmächte, welches unter Mussolini Hand in Hand mit Hitler in den Krieg zog? Weshalb die Schweiz und nicht Japan, welches als Helfershelfer Nazideutschlands im fernen Osten für unsägliches Leid verantwortlich war? All diese Länder haben nach dem Krieg nichts bezahlt (nur gerade Deutschland leistete gewisse Reparationsleistungen, allerdings pro Kopf der Bevölkerung wenig und fast nur an jüdische Opfer bzw. nach Israel).

Weshalb wurde ausgerechnet die Schweiz attackiert? Weshalb die Schweiz, die damals nach der Eroberung Frankreichs durch Hitler während weit mehr als zwei Jahren durch die Achsenmächte eingekesselt war, aus der damaligen Optik lange ohne jede Aussicht auf Hilfe? Weshalb die Schweiz, deren damalige Kriegsgeneration den Mut aufbrachte, Hitlerdeutschland die Stirn zu bieten, auch wenn die Schweizer Bevölkerung sehr wohl wusste, dass ein Angriff Nazideutschlands auf unser Land zwangsläufig eine militärische Niederlage, Tod, Verderben und Deportation mit sich gebracht hätten?

2. 10.000-fach übertriebene Vorwürfe

Die Forderungen ab 1995 fußten zunächst auf der Behauptung, Naziopfer seien durch die Schweiz respektive deren Banken um 6,7 Milliarden Dollar betrogen worden. Schnell wurden daraus 20 Milliarden und mehr. Edgar Bronfman, der damalige Präsident des Jüdischen Weltkongresses, sprach im Frühling 1997 sogar von 100 Milliarden Dollar und dem größten Bankraub der Geschichte.

Aufgrund der erhobenen Vorwürfe führten die Schweizer Banken unter internationaler Überwachung eine Suche nach „nachrichtenlosen Vermögen" durch, die mehr als 500 Millionen Euro kostete. Gefunden wurde so wenig, dass der mit der Such-Überwachung beauftragte ehemalige Notenbankchef der USA, Paul Volcker, sich sogar schämte, bei der Präsentation seines Schlussberichts am 6. Dezember 1999 Zahlen zu nennen. Er sprach nur noch von der Anzahl der Konten. Aber auch das zeigte – obwohl weniger aussagekräftig als ein Geldbetrag –, wie falsch die Vorwürfe waren: Zwischen 1933 und 1945 existierten gemäß Schlussbericht der *Volcker-Kommission* in der Schweiz zwar rund 6,85 Millionen Bankkonten. Mit der sündhaft teuren Suchaktion konnten aber nur gerade 2.226 „nachrichtenlose" Konten gefunden werden (*dormant accounts*, also „schlafende" Konten), bei denen Geld seit dem Kriegsende 1945 auf einer Bank ruhte.

Die wenigen, kümmerlichen Zahlen auf Seite 75 des damaligen *Volcker-Berichts* sowie die Arbeit des eingesetzten Schiedsgerichts zeigten die geradezu lächerlichen Größenverhältnisse: In nur gerade 207 Fällen handelte es sich gemäß Erkenntnis des Schiedsgerichts um „Opferkonten" (Konten von Opfern des Zweiten Weltkriegs). Bezogen auf 1945 wurden (nach Bereinigung der Bankspesen und Zinsen) nur gerade berechtigte Ansprüche in der Höhe von 4,2 Millionen Franken festgestellt. Das bedeutet im Klartext, dass die erhobenen Vorwürfe von

Leuten wie Edgar Bronfman – dem ausländischen Drahtzieher der Angriffe – mehr als 10.000-fach übertrieben waren. Das ist, wie wenn jemand in aller Weltöffentlichkeit behauptet hätte, eine Bank habe ihm 1.000.000 Euro gestohlen, um danach (nach Suchaufwendungen in der Höhe von rund 100.000 Euro) kleinlaut eingestehen zu müssen, es gehe nur um 100 Euro, die nun auf einem vergessenen Konto gefunden worden seien.

Auch die groteske Art und Weise, wie das von den Schweizer Banken bezahlte Geld verteilt wurde, zeigt, wie absurd die Behauptungen gewesen waren. An dieser Stelle nur ein Beispiel: Am 4.3.1939 eröffnete ein gewisser Louis Spier ein Konto in der Schweiz, am 11.4.1940 wurde dieses wieder geschlossen. Wer dieses Konto am 11.4.1940 aufhob und an wen das Geld floss, ist unbekannt. Unbekannt ist auch, welche Summe sich je auf diesem Konto befunden hatte. Trotzdem sprach das Schiedsgericht den Erben von Louis Spier 156.000 sFr zu.

Von den grotesken Missverhältnissen zwischen Vorwürfen und Suchergebnissen erfuhr die Öffentlichkeit praktisch nichts. Unter den Tisch gewischt wurde vor allem auch die grundsätzliche Tatsache, dass die Guthaben von Schweizer Banken auch nach Jahrzehnten treu zu Händen später auftauchender Erben aufbewahrt wurden, wogegen sie andernorts (zum Beispiel in den USA) nach wenigen Jahren staatlich einkassiert und die Unterlagen vernichtet worden waren.

3. Gezielt verfälschte Flüchtlingszahlen

Die eben erwähnte internationale *Volcker-Kommission* war eingesetzt worden, um die Suche nach „nachrichtenlosen Vermögen" bei den Schweizer Banken zu überwachen. Noch wesentlich bekannter wurde die *Bergier-Kommission*, welche – neben den Bankkonten – die weiteren angeblichen Verfehlungen der Schweiz während der Zeit des Zweiten Weltkriegs untersuchte;

mit einem für eine historische Kommission enormen Budget von mehr als 20 Millionen Franken.

Wie ideologisch und falsch die „Erkenntnisse" der *Bergier-Kommission* sind, lässt sich am besten an den Flüchtlingszahlen darstellen; denn bei Zahlen lässt sich – im Gegensatz zu anderen manipulierenden Darstellungen – jeweils klipp und klar nachweisen, ob die Wahrheit verdreht wird.

Der Schweiz wurde mit den Angriffen in den neunziger Jahren vor allem auch der Vorwurf gemacht, sie habe eine große Zahl von Flüchtlingen zurückgewiesen. In diesem Zusammenhang sprach der *Bergier-Bericht* von „einer Gesamtzahl von 24.398 Flüchtlingen, deren Wegweisung für die Zeit des Krieges belegt ist". Schon bald sickerte jedoch durch, wie falsch diese Zahl war. Es wurde bekannt, dass die *Bergier-Kommission* diese Zahl 24.398 einfach aus einer älteren Untersuchung des *Schweizer Bundesarchivs* aus dem Jahr 1996 abgeschrieben hatte. Trotz heftigen Protesten veröffentlichte sie diese Zahl in ihrem Schlussbericht, wobei sie die Unverfrorenheit hatte, die folgenden Verdrehungen vorzunehmen:

- Die „Rückweisungen" gemäß Bundesarchivstudie wurden von der *Bergier-Kommission* kurzerhand in „weggewiesene Flüchtlinge" – also in Anzahl Personen – verdreht. Mit weitreichenden Folgen: Wenn ein und dieselbe Person mehrmals versucht hatte, die Schweizer Grenze zu überschreiten, wurde sie einfach mehrfach gezählt (der Autor Stefan Keller schrieb in seinem in der Schweiz bekannten Buch *Grüningers Fall* von einer Person, die mehr als zehnmal ausgeschafft worden sei; womit sie mehr als zehnfach als „weggewiesener Flüchtling" verbucht wurde).

- Die *Bergier-Kommission* zählte skandalöserweise auch die Leute als Flüchtlinge mit, die gar nicht an der Grenze zurückgewiesen wurden, sondern welche die Schweiz als Durchgangsland benützen durften; zum Beispiel ab Herbst 1944 ins eben befreite Savoyen (in Frankreich). Wenn also zum Beispiel eine Person am 1.12.1944 an der Nordgrenze in die Schweiz gelangte und am 3.12.1944 in Genf wieder nach Savoyen ausreiste, wurde sie als „weggewiesener Flüchtling" gezählt. Aufgrund des Vermerks „Einreise 1.12.1944; Ausreise 3.12.1944" dachten die Bergier-Experten offensichtlich, ein solcher Fall lasse sich als weggewiesener Flüchtling verkaufen.

- Es passt ins Bild, dass die von der Bergier-Kommission verwendete Zahl 24.398 viele Personen beinhaltete, die wahrlich zu Recht von der Schweiz ferngehalten wurden, nämlich auch deutsche Kriegsverbrecher, Mitglieder der Gestapo, der SS, der NSDAP etc. Auch aus Italien und Frankreich hatten Kriegsverbrecher Einlass gesucht und wurden zurückgewiesen; aus Italien z.B. Anhänger von Mussolini (er selbst wurde kurz vor der Schweizer Grenze erkannt und getötet); aus Frankreich z.B. die „Collabos", die mit Nazideutschland kooperiert hatten.

- Und schließlich beinhaltete die Zahl 24.398 die weggewiesenen Flüchtlinge bis zum Ende des Jahres 1945, also über das Kriegsende hinaus. Die *Bergier-Kommission* weckte somit den Anschein, dass auch diejenigen Leute, die kurz nach dem Kriegsende in die Schweiz flüchten wollten (zwischen 8.5.1945 und 31.12.1945) von unseren Behörden nach Nazideutschland zurückgeschickt worden seien, obwohl Nazideutschland nach dem 7.5.1945 gar nicht mehr bestand.

4. „In den sicheren Tod zurückgeschickt" – ein bewusst falscher Vorwurf

Die Vorwürfe gegenüber der Schweiz, auf ihren Banken lägen noch „gestohlene Bankkonten von Kriegsopfern", wurde schon bald überboten durch die ebenso unhaltbare wie ungeheuerliche Unterschiebung, die Schweiz habe damals mit Hitlerdeutschland kooperiert und geholfen, dass Hitler sein Ziel der Judenvernichtung erfolgreich umsetzen könne. Sie habe gezielt „30.000 Flüchtlinge in den sicheren Tod" geschickt.

Auch dieser Vorwurf ist grotesk; nicht nur wegen den oben beschriebenen Verfälschungen der Zahlen. Besonders entlarvend war bei den Vorwürfen, dass sie sich immer wieder auf das Jahr 1938 bezogen; auf die Zeit des Flüchtlingshelfers Paul Grüninger, einem hohen Schweizer Beamten, der bekannt geworden ist, weil er jüdischen Flüchtlingen entgegen den bestehenden amtlichen Weisungen Eingang in die Schweiz verschafft hatte. Im Zuge der Angriffe gegen die Schweiz am Ende der neunziger Jahre wurde behauptet, die Schweiz habe hartherzig die Flüchtlinge in den sicheren Tod geschickt, während Helden wie Paul Grüninger den Bedrohten Einlass gewährt hätten. Das ist schon deshalb reine Stimmungsmache gegen die Schweiz, weil zur Zeit Grüningers (1938) das Deutsche Reich noch hauptsächlich die Politik verfolgte, den Juden ihr Hab und Gut abzunehmen und sie ins Ausland zu vertreiben (was Mordaktionen wie in der sogenannten Reichskristallnacht nicht ausschloss). Die gezielte Vernichtungspolitik Nazideutschlands hatte 1938 noch nicht begonnen, die berüchtigte *Wannsee-Konferenz* fand über drei Jahre später, im Januar 1942, statt. Selbst wer voll informiert gewesen wäre, hätte 1938 niemals erahnen können, welch fürchterliche Vernichtungspolitik das Dritte Reich im Kontext des Zweiten Weltkrieges und besonders ab 1942 verfolgen würde.

Wie kann der Schweiz im Ernst der Vorwurf gemacht werden, sie habe schon 1938 von der Vernichtungspolitik Nazideutschlands Kenntnis gehabt und Flüchtlinge „in den sicheren Tod geschickt"? Die Frage des Wissensstandes über die Existenz von Vernichtungslagern im Zweiten Weltkrieg ist seit jeher stark umstritten und war seit dem Krieg Gegenstand von unzähligen

Diskussionen und Publikationen. Wer hat von der gezielten Judenvernichtung wann was gewusst? Auffallend ist, wie sich selbst jüdische Organisationen außerhalb von Deutschland täuschten und lange keine Hilfe boten, auch wenn sie gemäß gesundem Menschenverstand wohl noch am ehesten über zuverlässige Informationen verfügt hatten. Aber auch höchste jüdische Persönlichkeiten wussten offensichtlich nicht Bescheid, obwohl es nahe liegend gewesen wäre, dass die in Deutschland verfolgten Juden – falls sie dazu überhaupt in der Lage waren – in erster Linie ihre Familienmitglieder und Glaubensgenossen im Ausland informiert hätten.

Wie dem auch sei; so oder so sind und waren die erhobenen Vorwürfe an die Adresse der Schweiz grotesk. Die Schweiz hatte 1938 auf der berühmten Flüchtlingskonferenz von Evian der internationalen Staatengemeinschaft angeboten, unlimitiert Flüchtlinge aufzunehmen, wenn sich Länder finden liessen, in welche die Flüchtlinge weiterreisen konnten. Aber niemand half; auch diejenigen Länder nicht, die fernab von jeder Gefahr waren. Somit war es der Schweiz ganz einfach nicht möglich, alle Personen aufzunehmen, nachdem Nazi-Deutschland Österreich anfangs 1938 eingegliedert hatte und als Resultat sehr viele Leute von Österreich in die Schweiz reisen wollten. Es ist furchtbar, dass – gemäß heutigem Wissensstand – ein kleiner Teil der an der Grenze zurückgewiesene Flüchtlinge später von den Nazis ermordet wurde. Aber wie kann man auf die Idee kommen, deswegen mehr als 50 Jahre nach Kriegsende denjenigen Vorwürfe zu machen, die in Fehleinschätzung der Lage damals vielleicht nicht optimal Hilfe geleistet haben?

5. Fazit

Je absurder die Vorwürfe, desto mehr muss man sich die Frage stellen: Wo liegen die Beweggründe? Einleuchtend sind betreffend neunziger Jahre vor allem zwei Antworten:

- Dass es den nordamerikanischen Kritikern damals ums Geld ging, ist offensichtlich. Sobald die Schweizer Banken bezahlt hatten, hörte die Kritik auf.

- Aber auch die Beweggründe derjenigen, welche die Angriffe weiterführten, nachdem die Schweizer Banken 1998 die geforderten Beträge überwiesen hatten, liegen auf der Hand: Es geht um die Durchsetzung der Agenda „Weg mit dem ‚Sonderfall Schweiz‘!“ Absicht ist es, die Identität der Schweiz – den „Sonderfall“ – zu schwächen. Eine kleine Schweiz mit Direkter Demokratie, bei der man nie weiß, wie die Bevölkerung an der Urne abstimmen wird, ist allen, die nach Macht streben, ein Dorn im Auge. Wenn es gelingt, „nachzuweisen“, dass die Schweiz schon im Zweiten Weltkrieg nicht besser war als die umliegenden Länder, so kann das geschichtliche Selbstverständnis der Schweiz zerstört werden. Selbständigkeit und Neutralität der Schweiz sollen in den Mülleimer der Geschichte geworfen werden.

Luzi Stamm ist selbstständiger Rechtsanwalt und Ökonom (lic.iur und lic.oec). Seit 1991 Mitglied des Eidgenössischen Parlaments in Bern, 2006-2007 Präsident der *Außenpolitischen Kommission des* Nationalrats. *2004-2007 Mitglied des* Europarats *in Strasbourg. Ehemals Gerichtspräsident des Bezirksgerichts Baden und Vizepräsident der Stadt Baden. Autor diverser Bücher (u. a.* Der Kniefall der Schweiz *sowie* Wer hat die Macht in Bern?*).*

Walter Suter

FINANZPLATZ SCHWEIZ IM VISIER

Wie die *Swissair* zerstört wurde und andere Beobachtungen aus den letzten 15 Jahren

Ich möchte hier meine Beobachtungen zusammenfassen, die ich in den vergangenen 15 Jahren zur Entwicklung der Angriffe auf den Finanzplatz Schweiz gemacht habe; zur Hauptsache anhand der Medienberichterstattungen, teilweise aber auch aufgrund diverser Gespräche, die ich in dieser Sache mit verschiedenen aufmerksamen Zeitgenossen geführt habe. In keiner Weise entspringen sie jedoch einschlägigen Informationen, die mir als offizieller Vertreter der Schweiz im Ausland zugänglich waren.

Weshalb der gute Ruf des Schweizer Bankenplatzes?

Ich bin gewiss ein überzeugter Verfechter der direkten Referendumsdemokratie unseres Landes. Besondere Gelegenheit, mich auch außerhalb der Schweiz damit zu befassen, hatte ich in den letzten vier Jahren bei meinem Aufenthalt in Venezuela, wo man seit der vor zehn Jahren in einem Volksreferendum verabschiedeten neuen Verfassung daran ist, „Demokratie von unten" nach und nach in die Tat umzusetzen.

Was hat dieser Umstand denn mit dem Thema „Finanzplatz Schweiz im Visier" zu tun ?

Meines Erachtens hat es sehr wohl damit zu tun. Denn den sich aus den Entscheidungsträgern an der Wallstreet und in der City of London stammenden Angreifern auf den Finanzplatz Schweiz steht das politische System der direkten und bürgernahen politischen Organisation als vorrangiges Hindernis im Wege. Dass in der Eidgenossenschaft die Verantwortlichen in Regierung und Parlament der Wählerbasis dauernd Rechenschaft schuldig sind und wegen der permanenten „Drohung" einer Volksabstimmung ihre gesetzgeberischen Entscheide nicht unwidersprochen durchdrücken können, widerspricht ganz und gar der Natur der angelsächsischen Repräsentativen Demokratie, die mit ihren zwischen nur zwei Parteien alternierenden Regierungen einen Scheinpluralismus zelebrieren, der in seiner Essenz darauf hinaus läuft, dass die Vertreter dieser Parteien das politische Machtrevier unter sich aufteilen und ihre Projekte nach ihrem Gutdünken in den jeweiligen Parlamenten von den Wählern unbehelligt im Rekordtempo umsetzen können.

Dass sich das helvetische System in unserem Land schon seit weit über hundert Jahren bewährt und zu einer einmaligen Stabilität in einem Europa geführt hat, das zweimal von großen kriegerischen Auseinandersetzungen erschüttert worden war, ist selbstverständlich auch den Sachverständigen an den zwei größten Finanzplätzen New York und London nicht verborgen geblieben. Vielmehr haben sie feststellen müssen, dass diese langjährige politische Stabilität, gepaart mit dem Ruf großer Zuverlässigkeit und Glaubwürdigkeit, der entscheidende Grund für das Vertrauen großer privater Anleger in den Bankenplatz Schweiz ausmacht. Und nicht in erster Linie das publizistisch immer wieder vorgeschobene Bankgeheimnis!

Weshalb der Angriff auf den Finanzplatz Schweiz?

Wie wir wissen, wurden (und werden immer noch) etwa ein Drittel aller weltweiter privater Vermögen von Banken in der Schweiz verwaltet.

Ich gehe davon aus, dass es den maßgebenden Akteuren (und Staaten?) der Finanzplätze New York und London, die einen weiteren Löwenanteil der weltweiten Vermögen verwalten, seit langem schon ein Dorn im Auge war, dass diese kleinen braven Bergler und Helvetier tatsächlich die Verwaltung eines solch enormen Anteils innehaben. „Es kann nicht sein, was nicht sein darf. Das widerspricht schließlich jeglicher imperialistischer Logik."

Das ist vermutlich so ungefähr die Ausgangslage. Nun erhob und erhebt sich für New York und London die Frage, wie man die Dinge im Sinne ihrer Interessen ändern könnte. Die Antwort, anhand der weiter oben beschriebenen Umstände, war schnell gefunden: Wenn wir Erfolg haben wollen, bleibt uns nichts anderes übrig, als Mittel und Wege zu finden, um den soliden Ruf und die Glaubwürdigkeit der Schweiz als politisch stabiles und sicheres Gebäude bei den Bankkunden im Ausland zu untergraben und erschüttern. Und diese „Strafaktion" soll an den weltweit als positiv wahrgenommenen Symbolen bekannter Institutionen durchexerziert werden, wie die Banken und die nationale Fluggesellschaft *Swissair*. Nur so haben wir eine Chance, die bisher auf den Bankenplatz Schweiz vertrauenden privaten Anleger davon zu überzeugen, ihr Geld dort abzuziehen und woanders – sprich an der Wallstreet und in der City of London – zu platzieren!

Aktionen gegen den Finanzplatz Schweiz

Was wir eben dieses Jahr erlebt haben, ich meine das Beispiel bezüglich des von den USA erzwungenen Abkommens mit der Schweiz betreffend die von der UBS zu liefernden Kundendaten sowie die Stigmatisierung der Schweiz als kooperationsunwillige Steueroase durch die G20, stellt wahrscheinlich nur die vorläufig letzte Etappe einer Strategie dar, welche die Schädigung des beschriebenen guten Rufes der Schweiz zum Ziel hat und 1995 initiiert wurde.

Was war passiert? Vielleicht erinnern Sie sich: Es ging um die sogenannten *Nachrichtenlosen Vermögen*, die seit Jahrzehnten auf Schweizer Bankkonten lagen, also die sog. Holocaust-Gelder.

Von 1945 bis 1994 war Ruhe. Dann wurde bei uns das Antirassismus-Gesetz verabschiedet. Dessen Bestimmungen sehen vor, dass jegliche halbwegs öffentliche, als diskriminierend taxierte Äußerung gegen Angehörige einer bestimmten Ethnie oder Religion strafrechtlich verfolgt werden kann. Darauf kam 1995 der Angriff aus den USA wegen der Holocaust Gelder. Am Anfang stand die Behauptung eines US-amerikanischen Journalisten, auf schweizerischen Banken lägen *Nachrichtenlose Vermögen* (*Dormant accounts*) im Umfang von ungefähr sieben Milliarden US-Dollar, die Holocaust-Opfer gehört hätten und von diesen Banken unter nicht haltbaren Vorwänden seit langem deren Erben vorenthalten würden.

Ich war damals, 1995, im Ausland. In einer TV-Sendung habe ich gesehen, mit welcher Indizienlage diese Behauptung erstmals untermauert wurde: Unterstützt vom JWC (*Jewish World Council*), berichtete eine ältere Dame namens Beer, sie habe 1938 mit ihrer Familie in der Tschechoslowakei gewohnt. Ihr Vater sei ein Textilindustrieller gewesen. Und weil damals die Bedrängnis der jüdischen Minderheit in vollem Gange war und viel Gefahr auch für ihre Familie bestanden habe, hätte ihr Vater am Küchentisch gesagt „Macht euch keine Sorgen, ich habe genügend Geld in der Schweiz." Punkt. Kein Wort zur ungefähren Höhe der Einlage, zum Namen einer Bank oder einem Standort des Finanzinstituts. Dies war dann am Fernsehen die „Beweislage" für die Existenz eines nachrichtenlosen Vermögens, das auf einer Bank in der Schweiz für Frau Beer bereit lag, aber nicht herausgerückt wurde...

Auf dieser Aussage hat man dann aufgebaut und andere, ähnlich gelagerte Beispiele von Holocaust-Erben in den USA herangezogen, um nach und nach die schweizerischen Banken als

Gesamtes der Unterschlagung von Holocaust-Vermögen und der verweigerten Kooperation bei der Ausfindungsmachung der Konti zu bezichtigen. Mit fortgesetzten, in allen, auch internationalen Medien breitgeschlagenen Anschuldigungen wurde massiver Druck auch auf die schweizerische Innenpolitik aufgebaut. Ein gewichtiger Teil der Schweizer Bevölkerung begann, ein gewisses Verständnis gegenüber den erhobenen Forderungen zu signalisieren. Damit waren nun auch Bundesrat und Parlament gefordert und es wurde zwecks Abschluss einer Vereinbarung zwischen den Banken und des JWC, bzw. der US-Regierung eine Regierungs-Taskforce ernannt.

Inzwischen waren die beiden zur Hauptsache betroffenen Großbanken UBS und Credit Suisse jedoch unter erpresserischen Druck von US-Behörden geraten, die ihnen, wie am Schluss der Gouverneur des Staates New York, damit drohten, die Pensionskassengelder ihrer Beamten, die bei ihren Instituten investiert waren, abzuziehen und dafür zu sorgen, dass andere Behörden dem Beispiel folgen würden. Der enorme Zeitdruck und die Furcht, die auf beiden Banken lastete, dass nun ihr ganzes US-Geschäft verloren gehen könnte, trieb sie offensichtlich dazu, nicht mehr auf die Verhandlungen zu warten, die von der Bundesrats-Taskforce hätten geführt werden sollen, sondern nunmehr ohne Verzug einer richterlich abgesegneten „gütlichen Regelung" zuzustimmen, die sie verpflichtete, an die Sammelkläger und Organisationen wie den JWC als „Wiedergutmachung" zugunsten der Holocaust-Erben den Betrag von 1,25 Milliarden US-Dollar zu überweisen. Dies war immer noch bedeutend weniger als die ursprünglich vom JWC geforderten drei bis vier Milliarden US-Dollar!

Der Absturz der Swissair

Nun zur *Swissair*. Die gibt es nicht mehr. Nachfolge-Gesellschaft ist die heutige *Swiss Airlines*. Aber es gab die *Swissair*.

Swissair stand weltweit für Glaubwürdigkeit, Zuverlässigkeit, Genauigkeit, also für positive Werte dieses Landes.

Am 3. September 1998, vor elf Jahren, stürzte der Flug SR 111 New York – Genf, kurz nach dem Start in Halifax ab. Die Umstände des Unfalls waren für sämtliche Aviatik-Experten völlig unerklärlich. Der Unfall fand auf kanadischem Boden statt. Sofort kamen mehrerer amerikanische Anwälte aus New York, die bereits Holocaust-Erben in der Sache *Nachrichtenlose Vermögen* vertreten hatten und somit Erfahrung damit besaßen, die Schweiz unter Druck zu setzen. Sie wollten die Hinterbliebenen der Absturzopfer vertreten. Über die großen Medien ließen sie die Version zirkulieren, die Experten hätten festgestellt, dass die beiden erfahrenen Schweizer Piloten (Flugkapitän und Co-Pilot) kurz vor dem Absturz an Bord einen großen Disput unter sich ausgetragen und wahrscheinlich deswegen den Unfall provoziert hätten. Und die Aviatikbehörde der USA wollte auch schon den Fall untersuchen.

Glücklicherweise hatte der zuständige kanadische Untersuchungsleiter den Verdächtigungen der US-Anwälte und dem Einmischungsversuch der US-Behörden dann allerdings einen Riegel geschoben. Trotz intensiver und langwieriger Untersuchungen haben die kanadischen Behörden mit Unterstützung schweizerischer Experten die wahre Absturz-Ursache jedoch nicht herausfinden können. Sie bleibt ein Rätsel.

Zu besonderen Diskussionen führte ein interessanter Aspekt rund um den Unglücksflug. Auf dem Flug SR 111 nach Genf war als Passagier bis kurz vor Abflug der damalige UBS-Verwaltungsratspräsident Mathis Cabiallavetta gebucht. Er war auf der Rückreise in die Schweiz, nachdem er ein paar Tage zuvor eben den erwähnten Deal mit den Sammelklägern in New York über 1,25 Milliarden US-Dollar unterzeichnet hatte, mit dessen Betrag, siehe oben, die Gegenpartei nicht zufrieden war. Zu seinem eigenen Glück hatte dann Cabiallavetta kurz vor

Abflug der SR 111 seinen Flug umgebucht, und war statt nach Genf nach Zürich geflogen ...

Es folgte der Absturz der ganzen Firma. 1995 oder 1996 traf der Verwaltungsrat der damaligen *Swissair* einen für mich völlig unverständlichen Entscheid, als er mit Herrn Philippe Bruggisser eine Person zum Direktionspräsidenten ernannte, die meines Erachtens vom veröffentlichten Profil her für diese höchst anspruchsvolle und komplexe Funktion nicht genügend qualifiziert sein konnte. Bis zu seiner Ernennung hatte er als Finanzchef nie ein Unternehmen geleitet. Und nun wurde ihm gleich die Führung eines hochkomplexen Aviatik-Unternehmens übertragen... Kaum war er dran, begann er eine ganz neue Strategie. Er holte aus den USA Jeffrey Katz, einen Aviatik Experten aus New York, der zu seinem engsten Führungsberater avancierte. Das war ein erfahrener Mann. Mit dessen Einsatz begann Bruggisser seine Vorwärts- und Expansionsstrategie, indem er irgendwelche maroden Fluglinien in Europa zusammenkaufte und damit die ganze Substanz des Unternehmens in Gefahr brachte. Dies wusste jedermann, und nicht zuletzt auch der schließlich für die Unternehmensstrategie verantwortliche Verwaltungsrat, der aus hochkarätigen Mitgliedern zusammengesetzt war, die selber erfolgreiche Unternehmensführer waren (Thomas Schmidheiny, Lukas Mühlemann, Bénédict Hentsch zum Beispiel). Aber trotz offensichtlicher Fehler wurden Bruggissers Entscheide vom Verwaltungsrat abgesegnet. Und dies, obwohl mit der neuen Strategie für jedermann ersichtlich die finanzielle Lage höchst gefährliche Schlagseite bekam. Übrigens: Ein Jahr vor dem finanziellen Crash der Swissair, als sich die Katastrophe klar abzuzeichnen begann, beendete Chefberater Katz seine „erfolgreiche" Arbeit und kehrte nach New York zurück.

Im Oktober 2001 war dann das für die Schweizer Bevölkerung beinahe traumatische Grounding „ihrer" *Swissair* Tatsache. Ein weltweit anerkanntes emblematisches Erfolgs-, Zuverlässigkeits- und Glaubwürdigkeitssymbol war gestürzt worden. Gewisse

Leute in New York und London mögen sich darob die Hände gerieben haben...

Leider haben es die politischen Instanzen, allen voran Bundesrat und Parlament, versäumt, den hochkarätigen Verwaltungsrat nach den wahren Gründen für sein fortgesetztes und eklatantes Versagen zu befragen, das sich meines Erachtens rational nicht nachvollziehen lässt... Wer weiss, ob man bei den Antworten nicht auf überraschende Parallelen zu anderen Elementen im Rahmen der „Operation Finanzplatz Schweiz im Visier" hätte stoßen können?

Walter Suter war viele Jahre Schweizer Diplomat und Botschafter, zuletzt bis November 2007 in Venezuela. Er ist Mitglied der Sozialdemokratischen Partei *(SP) der Schweiz.*

Ueli Maurer

„INDIANER UND KAVALLERIE"

Oder: Gedanken zu den Wahrnehmungsmöglichkeiten einer Beziehung

Ich bedanke mich für die Einladung und ich bin wirklich froh, mich an Sie wenden zu können. Denn Ihnen kommt für das Verhältnis zu Deutschland eine wichtige Rolle zu – ich sehe in Ihnen Botschafter des Friedens, der Freundschaft und der Freiheit.

Ich möchte nicht lange bei den Schnörkeln verweilen und die Dinge ansprechen, wie sie sind. Offensichtlich können die Beziehungen zwischen der Schweiz und Deutschland verschieden wahrgenommen werden. Man kann sagen: Auf wirtschaftlicher Ebene sind die Beziehungen ausgezeichnet. Und auf politischer Ebene waren sie ausgezeichnet.

Da sich aber auf Dauer das Eine vom Andern nicht trennen lässt, sind Sie, meine Damen und Herren, als Vertreter der Wirtschaft von der politischen Situation stark betroffen. Andererseits bietet sich Ihnen die Möglichkeit, auf andern Kanälen als den politischen Einfluss zu nehmen und Ihre Stimme zu erheben. Ich sehe Sie deshalb durchaus in der Verantwortung.

Von unserem alten Freiheitsprinzip

Sie haben es mitbekommen: Es weht ein eisiger Nordwind. Er pfeift durch Nachrichtenmeldungen, Zeitungsspalten und Ratsdebatten. Sogar durch die Feuilletons ist er gerauscht. Zu den ganz wenigen erfreulichen Nebeneffekten der kalten Böen gehört die interessante Wortmeldung von Thomas Hürlimann, der als Schriftsteller aus der kulturgeschichtlichen Warte urteilt.

Einen originellen Erklärungsansatz hat er dabei geliefert: Die Umwelt prägt ihre Bewohner, schreibt er in der *Frankfurter Allgemeinen Zeitung*. Die Deutschen sind durch den Wald geprägt; sie wollen die Gesellschaft hegen und pflegen wie den Forst. Die Schweizer dagegen sind durch die Berge geprägt, in die sie sich für niemanden greifbar zurückziehen können.

Hürlimann greift damit auf ältere Interpretationen zurück. Dass die Berge als formend für den Schweizer Staats- und Volkscharakter verstanden werden, das hat Tradition. Es sind jetzt etwas mehr als zweihundert Jahre her, seit Walter seinen Vater Wilhelm Tell fragte, ob es denn auch Länder gebe, wo keine Berge seien. Ja, meinte der Vater: „Das Korn wächst dort in langen schönen Auen, und wie ein Garten ist das Land zu schauen." Weshalb steigen wir dann nicht hinab, statt uns in den Bergen abzuplagen", jammerte der Kleine. „Das Land ist schön und gütig wie der Himmel; Doch, die's bebauen, sie genießen nicht den Segen, den sie pflanzen." Und Walter seufzte schließlich: „Vater, es wird mir eng im weiten Land; da wohn' ich lieber unter den Lawinen."

Nun, Friedrich Schiller, der diese Zeilen schrieb, der diesen Gegensatz zwischen Freiheit und Knechtschaft so scharf empfand, war ein Deutscher. Er schöpfte auch aus dem Alltag. Er goss Lebenserfahrung in Sätze. Er formulierte Empfinden. Und offenbar nicht nur das seiner Generation.

Die Schweiz als Oase der Freiheit

Nach der Freiheit in den Bergen richteten sich immer wieder die Sehnsüchte, die Reisegedanken und Fluchthoffnungen vieler Deutscher. Oft der Eigenständigen, Eigenwilligen; die der Innovativen und Kritischen. Oft auch der Dichter, Denker und Querdenker. Der Schweiz bescherte diese Absetzbewegung immer wieder Impulse und eine Bereicherung des Kultur- und Geisteslebens. Die Schweiz als Hort der Freiheit in Europa ist mehr als nur ein Klischee. Viele – gerade viele Deutsche – empfanden sie als tatsächlich als Oase, als Oase in einer Wüste der Einschränkungen und der staatlichen Bevormundung oder der materiellen Not. Nationale, Liberale, Burschenschafter und Anhänger der Turnerbewegung, die von einem geeinten Deutschland träumten und die während der Restaurationszeit von ihren Landesfürsten verfolgt wurden; für die es eng wurde in ihrer Heimat nach den Karlsbader Beschlüssen vom September 1819. Oder ein ganzes Korps badische Liberaler, das nach ihrer gescheiterten Revolution im Juli 1849 um Asyl in der Schweiz bat. Oder Sozialdemokraten in den 1880er-Jahren, nach dem Erlass von Bismarcks Sozialistengesetz. Oder Pazifisten und dadaistische Künstler während des Ersten Weltkrieges. Oder die Opfer der Verfolgungen im Dritten Reich. Oder die ausgehungerten Kinder aus dem zerbombten Deutschland nach Kriegsende. Und durch die ganze Geschichte immer wieder auch tüchtige Arbeitskräfte und Unternehmer, die Freiheit für Entfaltung suchten. Oder denen ein gieriger Fiskus in die Tasche griff. Die meisten fanden in der Schweiz Frieden und Freiheit. Manche auch Wohlstand. Tatsächlich: Die Schweiz, eine Oase. Eine Oase der Freiheit ist Hoffnung für alle, die Freiheit lieben.

Aber sie ist auch eine Provokation. Eine Provokation für alle, denen Freiheit nichts bedeutet, die auf Zwang und Kontrolle setzen. Vor allem ist es eine Provokation für alle, die Macht über andere ausüben wollen. Denn in so vielen Bereichen zeigt die Schweiz: Es geht auch freiheitlicher.

Freiheit weckt Neid und Missgunst

Die Freiheit bringt der Schweiz Zuspruch, aber auch Neid, Missgunst und Nachstellungen der Mächtigen. Druck auf die Schweiz hat Tradition. Als junge deutsche Studenten in den 1820er- und 1830er-Jahren in die Schweiz flohen und hier offen und laut von der politischen Um- und Neugestaltung Deutschlands träumten, musste sich die Schweiz schwerster Pressionen erwehren. Ja: Einige wollten damals gar die Kavallerie schicken.

Man konnte es damals nicht oft genug wiederholen; und man kann es heute nicht oft genug wiederholen; gegenüber Schweizern wie gegenüber Ausländern: Die Schweiz ist auf Freiheit gebaut. Ohne Freiheit ist die Schweiz nicht denkbar. Wenn es um Freiheit geht, wollen und können wir deshalb auch keine Konzessionen machen. Das Fundament eines Landes gibt man nicht frei für den diplomatischen Tauschhandel.

Das zu erklären ist die Aufgabe der Regierung wie auch eines jeden Schweizer Bürgers. Und all derjenigen, die die Schweiz mögen. Die beruflich oder privat mit der Schweiz verbunden sind. Oder die ganz allgemein sich zur Freiheit bekennen, die glauben, dass eine Gemeinschaft das Maximum an möglicher Freiheit wagen soll. Denn die Freiheit steht auch jetzt wieder auf dem Spiel. Schauen wir uns die drei Bereiche an, welche derzeit das Verhältnis zwischen Bern und Berlin trüben.

1.) Holdingbesteuerung und Steuerstreit

Worum geht es? Technisch betrachtet geht es um kantonale Steuerordnungen. In der Substanz aber geht es um Föderalismus. Um Demokratie. Und um Souveränität. Die Steuerhoheit der Kantone ist ein wesentlicher Pfeiler des Föderalismus. Denn ohne eigene Steuerpolitik wären die Kantone letztlich nur noch eine administrative Verwaltungsebene. So aber haben sie kreativen Gestaltungsraum, so können sie Wirtschafts-, Gewerbe-, Industrie- und Bevölkerungspolitik betreiben. Gerade Kantone mit schwierigen geographischen Voraussetzungen haben sich mit mutigen und neuen Ideen ausgezeichnet. Das ist ein Ausdruck unserer freiheitlichen Ordnung. Das ist gelebter Föderalismus.

Und das ist auch gelebte Demokratie: Denn in Steuerfragen lässt sich nicht auf Befehlsmacht verzichten. Der Staat greift auf das Privateigentum des Bürgers zu. Umso wichtiger, dass das Volk den Rahmen setzt. In den liberalen westlichen Demokratien wuchs die Steuerpflicht mit dem Recht zusammen, als Volk und Bürgerschaft frei darüber zu befinden, wann, wie und wie viel an Steuern zu entrichten sei. Während sich etliche Staaten Europas allmählich vom ursprünglichen Freiheitsprojekt des Liberalismus verabschieden und die demokratischen Rechte von der Steuerpflicht entkoppeln, kann in den Schweizer Kantonen das Volk die Steuerordnungen in Abstimmungen festsetzen: Steuern, Volksrechte und Eigenstaatlichkeit sind in der Schweiz durch unsere Geschichte untrennbar verbunden. So geht es bei dieser Frage der Holdingbesteuerung, die so technisch tönt, um ganz Grundsätzliches. Und letztlich geht es um die Unabhängigkeit unseres Staates. Schlicht und einfach: Ein souveräner Staat bestimmt seine Steuerordnung selbst.

Diese föderalistische und demokratische, diese freiheitliche Ordnung ist in die Kritik geraten. Weil sie von Kantonen genutzt wird, mittels milder Steuerregelungen Anreize für Investoren zu schaffen. So zum Beispiel mit Steuererleichterung für Holdings. Dafür steht sie nun in der Kritik von Nachbarstaaten und der *Europäischen Kommission*. Plötzlich wird dem alten Freihandelsabkommen von 1972 neuer Normgehalt unterstellt. Abgesehen davon, dass dies juristisch unhaltbar ist, zeigt das eine freiheitsfeindliche Geisteshaltung. Der jetzt bemühte Artikel 23 des Abkommens verbietet „staatliche Beihilfe", die den Wettbewerb durch „Begünstigung" verfälscht oder zu verfälschen droht. Wer Steuererleichterungen als Beihilfen versteht, der geht von der Grundannahme aus, dass der Staat auf etwas verzichte, was ihm grundsätzlich zustehe. Dass also das Vermögen der Steuersubjekte grundsätzlich staatliches Geld sei. Und dass es eine Gnade sei, wenn er darauf verzichte, alles Geld einzuziehen. Das ist dunkelroter Sozialismus. Es ist etwa so, wie wenn jemand sagen würde, ich würde Sie unterstützen, ich würde Sie „begünstigen", nur weil ich darauf verzichte, Ihnen das Portemonnaie aus der Tasche zu ziehen.

Wer an die Freiheit glaubt, der freut sich über Steuererleichterungen. Egal wo sie gewährt werden und egal wer davon profitiert. Denn: Dadurch entsteht ein Wettbewerbsklima, die Steuerspirale wird durchbrochen. Und das kommt letztlich allen zugute.

2.) Das Bankkundengeheimnis

Worum geht es? Auch hier geht es um grundsätzliche, um ganz grundsätzliche Fragen. Es geht um das Verhältnis zwischen Bürger und Staat. Und damit um die Freiheitsrechte von uns allen. Dazu gehört das Prinzip, dass der Bürger Bürger ist, nicht Untertan. In einem freiheitlichen Staat wird deshalb die Privatsphäre des Bürgers geschützt. Der neugierige oder gar habgierige Staat wird zurück gebunden. Es soll einen privaten Bereich geben, in welchem uns der Verwaltungsapparat nicht dauernd über die Schultern schaut.

Aus diesem Grund darf die Polizei nicht nach Belieben Hausdurchsuchungen vornehmen, aus diesem Grund gibt es ein Arzt-, ein Seelsorge- oder Anwaltsgeheimnis, aus diesem Grund gibt es ein Brief-, Post- und Fernmeldegeheimnis. Ich kenne einen Bibliothekar, der sich zu Recht weigert, zu sagen, wer von seinen Kunden welches Buch ausgeliehen hat. Das ist sein Berufgeheimnis, das er zu wahren hat. Und aus dem selben Grund gibt es auch das Bankkundengeheimnis.

Diese Schutzrechte des Bürgers haben sich seit Jahrzehnten bewährt. Sie sichern unsere Freiheit. Sie garantieren Lebensqualität. Ich warne davor, über Bord zu werfen, was in dunkelsten Tagen und unter noch viel größerem Druck – man drohte uns damals nicht mit Kavallerie, sondern mit Panzerkolonnen und Stukas – erfolgreich verteidigt und aufrechterhalten wurde.

Und ich warne davor, die Reaktion des Schweizer Volkes zu unterschätzen. Dies auch im Hinblick auf ein Doppelbesteuerungsabkommen, das allenfalls dem Stimmbürger vorzulegen ist. Ich habe in der Bevölkerung sehr harte Worte gehört, die ich nicht mehr in der heutigen Realität, sondern nur noch in den Geschichtsbüchern vermutet hätte. Dass Macht vor Recht gesetzt werden soll, beunruhigt uns in der Schweiz. Als Kleinstaat reagieren wir besonders sensibel, ist es für uns doch letztlich lebenswichtig, dass sich auch die Starken an Verträge, an Abmachungen und an die Gepflogenheiten unter zivilisierten Staaten halten. Der Kleinstaat ist auf das Recht angewiesen, während der Starke offensichtlich immer wieder versucht ist, sich auf seine groben und großen Fäuste zu verlassen. Allerdings: Die Verbindlichkeit des Rechts gehört zu unserer abendländischen Kultur; wer hier in Westeuropa stattdessen auf Macht setzt, der verrät seine eigene Tradition.

Die Kritiker bewegen sich auch hier an der Oberfläche. Sie vermengen Begriffe. Und sie zeigen keine Ambitionen, die wirkliche Sachlage zu verstehen: Die Unterscheidung zwischen Betrug und Hinterziehung ist die logische Folge der Bürgerfreiheit. Der selbstverantwortliche Bürger deklariert seine Vermögenswerte selbst. Dabei kann er sich allerdings irren, kann Fehler machen. Dann muss die Steuerbehörde einschreiten und den Fehlbaren bestrafen, büßen. Das ist richtig so. Aber es rechtfertigt noch nicht, jemanden, der sich eine Unterlassung zu schulden kommen lässt, gleich als Betrüger zu verfolgen.

Steuerbetrug dagegen war in der Schweiz schon immer strafbar. Seit jeher wird das Bankkundengeheimnis für Strafverfolgungsbehörden aufgehoben. Diesen musste die Bank schon immer über Kundinnen und Kunden Auskunft geben.

Die Schweizer Justiz arbeitet keineswegs isoliert. Nach dem Bundesgesetz über die internationale Rechtshilfe in Strafsachen vom 20. März 1981 gewährt die Schweiz andern Staaten Rechtshilfe. Das schließt die Blockierung von Guthaben und gegebenenfalls deren Überweisung an die zuständigen Behörden im Ausland ein. Es ist auch falsch, der Schweiz ein unkooperatives Verhalten in Steuerfragen zu unterstellen. Wir haben über 70 Doppelbesteuerungsabkommen mit andern Ländern – ist das etwa ein Zeichen mangelnder Zusammenarbeit? Wir haben ein Zinsbesteuerungs- und Betrugsbekämpfungsabkommen mit der EU. Tatsächlich: Wir ziehen sogar auf unserem Territorium für die EU Steuern ein – ist das Ausdruck fehlender Kooperation? Die Schweiz hat stets auf neue Formen der Kriminalität reagiert und entsprechend neue Straftatbestände geschaffen, so etwa den Insiderhandel (1988) oder die Geldwäscherei; zuerst im Strafgesetzbuch (1990), dann zusätzlich im Geldwäschereigesetz (1998) – ist das mangelndes Engagement im Kampf gegen internationale Kriminalität?

Wer die Schweiz als finsteres Hinterzimmer für dubiose oder gar mafiose Geschäfte darstellt, tut dies aus Unwissen. Oder er beteiligt sich mit Absicht an einer rufmörderischen Kampagne gegen unseren Finanzplatz.

3.) Das Anflugsregime auf den Flughafen Zürich-Kloten

Worum geht es? Zürich ist ein Finanz- und Wirtschaftsstandort von internationaler Bedeutung. Ein Konjunkturmotor, dessen Zugkraft auch nördlich der Landesgrenze zu spüren ist. Und ein Garant von Arbeitsplätzen und Wohlstandsniveau, von dem auch die Viertelmillion Deutsche profitiert, die in der Schweiz leben.

Der Flughafen ist Zürichs internationale Anbindung. Auch davon profitiert eine Großregion, die nicht an der nördlichen Landesgrenze aufhört. Und es profitiert davon die *Swiss*, die der *Lufthansa* gehört. 2003 schränkte Deutschland einseitig mit seiner Durchführungsverordnung die Anflüge von Norden auf den Flughafen Zürich ein. Geltend gemacht wird die Fluglärmbelastung im Landkreis Waldshut. Die Entlastung im dünn besiedelten Hohentengen hatte eine starke Belastung in der Schweiz zur Folge. Die seither geflogene Ausweichroute führt über dicht besiedeltes Gebiet.

Die Flughafen- und Fluglärmfrage ist für uns eine nationale Angelegenheit. Gemeinsame Lärmmessungen mit Deutschland, wie im Sommer 2008 vereinbart, reichen nicht aus. Ja, wenn dies das Maximum an Entgegenkommen ist, muss das aus Sicht der Schweizer Bevölkerung als Indiz gewertet werden, dass man in Berlin die Angelegenheit nicht wirklich Ernst nimmt. Das schlägt durch auf andere Bereiche der Politik und auf die Nachbarschaft grundsätzlich. Auch auf die Vergabe von Staatsaufträgen an ausländische Unternehmen.

Aus wehrpolitischen Überlegungen möchte ich die Frage der Kampfflugzeugbeschaffung isoliert betrachten. Ausschlaggebend sind in erster Linie die Qualität des Produkts sowie der Preis – unsere Piloten sollen im Einsatz mit dem bestmöglichen Material ausgerüstet sein; und unseren Steuerzahlern bin ich die sparsame Verwendung ihres Geldes schuldig.

Und trotzdem: Eine milliardenschwere Beschaffung ist in der Schweiz keine rein analytische Frage – gegen den Volkswillen ist sie nicht zu entscheiden. Und ich kann mir nicht vorstellen, wie ein Kauf des Eurofighters in der gegenwärtigen Situation vertreten werden könnte.

Die ersten beiden angesprochenen Probleme sind gelöst, sobald die Angriffe auf unsere innerstaatliche Ordnung aufhören und unsere Souveränität wieder respektiert wird. Der Anflugstreit um den Flughafen Zürich-Kloten jedoch ist anders gelagert: Die Fundamente unseres Landes sind nicht unmittelbar betroffen. Das bedeutet, dass im Gegensatz zu Steuerordnung und Bürgerfreiheit Verhandlungsspielraum gegeben ist. Andererseits geht es um die Lebensqualität im Großraum Zürich und um die wirtschaftliche Entwicklung der Ostschweiz. Und das heißt, dass wir von Deutschland verbindliche Schritte erwarten, die Situation zu deblockieren. Die Anflugsfrage wird entscheidend für die Weiterentwicklung der schweizerisch-deutschen Beziehung.

Für die Freundschaft in der Freiheit

Ich habe eingangs darauf hingewiesen, dass die Beziehungen unterschiedlich gewertet werden – ich habe Ihnen die Sicht und die Sorgen der Politiker dargelegt. Ich bin zuversichtlich, dass eine rein wirtschaftliche Beurteilung positiver ausfällt. Wenn Sie der Ansicht sind, die Beziehungen zwischen der Schweiz und Deutschland seien nach wie vor gut, dann freut mich das. Es freut mich für Ihre Unternehmen. Und es freut mich für unsere Volkswirtschaft. Es freut mich für alle Leute beidseits der Grenzen, die davon profitieren, denen dadurch Wohlstand zuwächst. Aber ich möchte Sie davor warnen, den bedenklichen politischen Zustand der zwischenstaatlichen Beziehungen zu ignorieren. Die Politik beginnt sich auf die wirtschaftliche Partnerschaft auszuwirken. Sie – und wir alle – werden es direkt zu spüren bekommen.

Als Vertreter der Wirtschaft sind Sie jedoch besonders betroffen: Denken Sie an die unternehmerische Möglichkeiten in der Schweiz. Denken Sie daran, dass Freiheit Wohlstand schafft. Und denken Sie an den permanenten Wettbewerbsimpuls, den die freiheitliche Schweiz Europa gibt. Mit Schiller habe ich einleitend einem Deutschen Freund der Freiheit das Wort gegeben. Schiller war nie in der Schweiz, aber er hat unser Land besser verstanden als mancher, der darin geboren ist. Seine Freiheitsbotschaft ist unser gemeinsames Erbe. So appelliere ich denn heute an Sie: Halten Sie fest an unserem gemeinsamen Bekenntnis zur Freiheit. Nutzen Sie die persönlichen, geschäftlichen und politischen Kontakte, die Sie haben. Erklären Sie den föderalistischen Bürgerstaat Schweiz. Werden Sie aktiv als Botschafter der Freundschaft und der Freiheit, der Freundschaft in der Freiheit. Ich danke Ihnen.

Ungekürztes Referat von Bundesrat (entspricht in Deutschland dem Bundesminister) Ueli Maurer, Chef des Eidgenössischen Departements für Verteidigung, Bevölkerungsschutz und Sport *VBS, gehalten am 22. Juni 2009 in Zürich vor der* Handelskammer Deutschland-Schweiz. *Abdruck mit freundlicher Genehmigung des Autors.*

Judith Barben

„OPERATION SCHWEIZ"

Die Methoden der Spin-Doctors

Wie beschädigt man den Ruf eines international geachteten, neutralen Landes wie der Schweiz, Depositärstaat der Genfer Konventionen und Sitz des Roten Kreuzes? Eines Landes zudem, das keine koloniale Vergangenheit und keine Völkerrechtsverbrechen auf dem Gewissen hat?

Für solche Aufträge gibt es Spezialisten, sogenannte „Spin doctors".[1] Das sind politische Public-Relations- Experten, die mit ethisch fragwürdigen Psychotechniken Einfluss auf die öffentliche Meinung nehmen und die Menschen mit verdeckter Manipulation in die von ihnen beabsichtigte Richtung führen.

Die US-Regierung beschäftigt weltweit über 27.000 solche Spezialisten, die rund um den Globus „psychologische Operationen" durchführen. Ihre Aufgabe ist es, „die Meinung der Weltöffentlichkeit" im Sinne der US-Politik zu „steuern".[2] Sie nehmen Einfluss auf das innenpolitische Geschehen anderer Länder – bis hin zum Sturz von Regierungen.[3] US-Berater nennen diese Form der psychologischen Kriegsführung beschönigend „Soft Power" – „sanfte Gewalt".[4] Mittels „Soft

---

1 Von englisch „spin" = (ver)drehen (Spin doctors verdrehen die Wahrheit)

2 27.000 PR-Berater polieren Image der USA. Tages-Anzeiger online, 11.2.2009; USA baute riesigen Propagandaapparat auf. http://www.20min.ch/news, 12.2.2009

3 Der Beginn des Doktor Spin. *Süddeutsche Zeitung*, 28.7.2007

4 Nye, Joseph S.: *Bound to Lead. The Changing Nature of American Power*. New York 1992

Power" soll die Welt dazu gebracht werden, „freiwillig" das zu tun, was Amerika will.[5]

Die aktuelle Rufmordkampagne gegen die Schweiz kann durchaus als eine Form von „Soft Power" gedeutet werden. Ein ganzes Arsenal von ausgeklügelten Public-Relations-Strategien und manipulativen Psychotechniken kam dabei zum Einsatz.

Um Missverständnisse zu vermeiden: Die Psychologie wurde als wertvolles Instrument der Hilfeleistung für den Einzelnen entwickelt und hat dort ihren Platz. Zudem kann sie unschätzbare Beiträge zu einer humaneren Gestaltung des menschlichen Zusammenlebens leisten. Um so verwerflicher ist es, sie zur Manipulation und Machtausübung zu missbrauchen.

Neurolinguistisches Programmieren

Eine manipulative Psychotechnik, die in der politischen Propaganda häufig verwendet wird, ist das „Neurolinguistische Programmieren" (NLP), das in den USA entwickelt wurde.[6] Einer der Begründer gab in zynischer Offenheit zu: „NLP ist das beste Manipulationsmodell, das ich kenne. Haben Sie ein Problem mit Manipulation?"[7]

Die Bezeichnung „Neurolinguistische Programmieren" soll ausdrücken, dass der Mensch über die Wahrnehmung („Neuro") mittels sprachlicher Botschaften („linguistisch") „programmiert" oder vielmehr umprogrammiert werden soll. Ver-

---

5   Nye, Joseph S. *Propaganda Isn't the Way: Soft Power*. In: *The International Herald Tribune*, 10.1.2003

6   NLP wurde in den 70er Jahren von Richard Bandler, einem Mathematikstudenten, und John Grinder, einem Linguisten, entwickelt.

7   „NLP is the best manipulation model I know. Is there a problem with manipulation?" John Grinder. *Vom Umgang mit der Wirklichkeit*. 3sat, 30.1.2006

treter der Methode behaupten, sie könnten „die Persönlichkeit auf Wunsch bis in den Kern der Identität hinein" verändern.[8] Das ist zwar stark übertrieben, zeigt aber die Absicht.

Im NLP soll die Sprache ausdrücklich nicht zur Verständigung benutzt werden, sondern nur zur unterschwelligen emotionalen Beeinflussung. Besänftigende Begriffe wie „erfreulich", „gemeinsam", „aktiv", „mutig" dienen dazu, angenehme Emotionen zu wecken und die Zielpersonen in eine gelöste, wohlige Stimmung zu versetzen. Psychische Zustände sollen also „quasi mit Schallwellen geformt" werden.[9] Damit verliert die Sprache ihren Sinn, Worte werden zu inhaltsleeren „hypnotischen Worthülsen".

Hypnotische Worthülsen und Negative Campaigning

Auf der Grundlage des NLP verfasste ein neurolinguistisch geschulter amerikanischer Polit-Berater eine Handreichung zur Manipulation.[10] Sie enthält zwei Wortlisten. Auf der ersten Liste stehen positiv klingende hypnotische Worthülsen wie „Chance", „Vision", „Zukunft" oder „Erfolg", während die zweite Liste lauter hypnotische Negativ-Begriffe enthält wie „Betrug", „Krise", „fanatisch" oder „schlimm".

Während die erste Gruppe von Wörtern für die eigene Partei verwendet werden soll, dient die zweite dazu, den politischen Gegner zu verunglimpfen. Der Verfasser der Anleitung empfahl, beide Listen bei der Ausarbeitung von Texten und Re-

---

8 Stahl, Thies (NLP-Trainer). Zitiert nach Kobler Hans Peter. *Neue Lehrer braucht das Land – Kommunikation & Lernen.* Paderborn: Junfermann 1995, S. 20

9 Stahl, Thies. *Neurolinguistisches Programmieren (NLP). Was es kann, wie es wirkt und wem es hilft.* Mannheim 1992, S. 83

10 Gingrich, Newt. *Language: A Key Mechanism of Control* (Sprache: ein Schlüsselmechanismus der Kontrolle), 1996. http://www.information-clearinghouse.info/article4443.htm, 8.12.2009

den systematisch zu verwenden, da die Wirkung dieser Worte machtvoll sei.

Psychiatrisieren und Ankern

Eine perfide Variante des „Negative Campaigning" ist das „Psychiatrisieren". Bei der Technik werden Begriffe aus dem psychiatrischen Formenkreis dazu missbraucht, Personen oder Gruppen auszugrenzen und ihre Argumente als unglaubwürdig erscheinen zu lassen. Dazu werden Formulierungen verwendet wie „Gespenster sehen", „fixe Ideen haben" oder „diffuse Ängste haben".

Als andere Technik des Neurolinguistischen Programmierens sei das „Ankern" erwähnt. Dabei werden Sinnesreize wie Klänge, Farben oder Bilder als hypnotische Zeichen eingesetzt, um bestimmte Botschaften im Unbewussten der Zielpersonen zu „verankern".[11] Als hypnotische „Anker" können auch sprachliche Bilder mit starker emotionaler Wirkung verwendet werden.

Künstlicher Gruppendruck

Eine weitere manipulative Psychotechnik ist das Erzeugen von künstlichem Gruppendruck. Die Methode wurde seit den 50er Jahren in amerikanischen Versuchslabors entwickelt.[12] In sozialpsychologischen Experimenten fand man heraus, dass Personen in Gruppen dazu neigen, sich einem wahrgenommenen „Gruppenkonsens" anzupassen. Diese Neigung wird von

---

11   Bandler, Richard. T*ime for a Change. Lernen, bessere Entscheidungen zu treffen. Neue NLP-Techniken.* Paderborn 1995, S. 54f., 65, 83f., 145f.

12   Vgl. zum Beispiel die Konformitätsstudie von Solomon Asch (1958) am Swarthmore College, Pennsylvania. www.age-of-the-sage.org/psychology/social/asch_conformity.html

Manipulatoren skrupellos ausgenützt, indem sie durch vorgetäuschten Konsens Gruppendruck erzeugen.

Gruppendruck entsteht auch durch Bloßstellen, Anschuldigen oder Androhen von Sanktionen gegenüber einzelnen Gruppenteilnehmern. Das Vorgehen wirkt einschüchternd auf alle. Wie die folgende Anleitung zeigt, wird die Methode heute auch auf internationaler Ebene eingesetzt: „Im Rahmen der EU wird es [...] erforderlich sein, einen entsprechenden Gruppendruck (peer group pressure) [auf die Schweiz] aufzubauen. [...] [Das] erzeugt bereits einen gewissen ‚vorauswirkenden Sanktionsmechanismus' [...]. [Der] Effekt [kann] dadurch verstärkt werden, dass im Sekretariat des Ministerrats eine Arbeitsgruppe [...] eingerichtet wird, die [...] durch ‚naming and shaming' [Benennen und Bloßstellen] Versäumnisse transparent macht."[13] Naming und Shaming heißt im Klartext, dass einzelne Länder herausgepickt und als „Versager" oder „Schurken" angegriffen werden.

Spalten

Die manipulative Psychotechnik „spalten" dient dazu, Kritik zu unterbinden und Widerstand zu brechen. Sie entspricht dem alten Prinzip „Teile und Herrsche". Politstrategen wissen, dass ein Bündnis vieler „Kleiner" ungeahnte Kräfte freisetzen kann, die ihre Pläne gefährden könnten. Deshalb sind sie so erpicht darauf, solche Bündnisse zu verhindern. Mit „spalten" wird versucht, Personen oder Gruppen, die sich in einem gemeinsamen Anliegen zusammentun könnten, gegeneinander auszuspielen und voneinander zu isolieren.

---

13 Borchert Heiko, Eggenberger René. *Selbstblockade oder Aufbruch? Die Gemeinsame Sicherheits- und Verteidigungspolitik der EU als Herausforderung für die Schweizer Armee*. Österreichische Militärische Zeitschrift, Jan/Feb 2002. http://www.borchert.ch/paper/GESVP_und_Armee.pdf; 8.12.2009

Beleidigen, Verhöhnen, Drohen

Eine Psychotechnik, die in der Kampagne gegen die Schweiz in dieser Schärfe erstmals zum Einsatz kam, war die gezielt primitive Sprache, gepaart mit Drohungen, Beleidigungen und Verhöhnungen. Die Methode zielt darauf ab, Menschen oder Gruppen (oder ganze Länder) auszugrenzen, herabzusetzen und zu entwürdigen. Nicht selten sind solche Methoden Vorboten oder Ankündigungen offener Gewalt. Deshalb haben sie durchaus Bedrohungscharakter.

US-Senator gibt Startschuss

Der Startschuss für die aktuelle Kampagne gegen die Schweiz kam aus Washington. Und zwar verunglimpfte dort der demokratische Senator Carl Levin die Schweiz vor einem Ausschuss des US-Senats als „Steueroase" und behauptete, sie sei bekannt dafür, amerikanische Vermögen „hinter einem eisernen Ring des Geheimnisses" zu verstecken. Dann fuhr er fort: „Milliarden und Abermilliarden amerikanischer Dollars [...] finden ihren Weg in geheime Steueroasen [...] [wie die Schweiz]. Amerika verliert dadurch jährlich geschätzte 100 Milliarden Dollars [...]. Das ist Wirtschaftskrieg gegen Amerika und gegen ehrliche, hart arbeitende amerikanische Steuerzahler. [...] Wir sind entschlossen, die Mauern dieses Geheimnisses niederzureissen."[14]

Hypnotische Wirkung großer Zahlen

Dieses Zitat ist eine Ansammlung von hypnotischen Worthülsen. Da große Zahlen stets eine verführerische Wirkung aufs Gefühl entfalten, eignen sie sich besonders als hypnotische

---

14 Opening Statement of Senator Carl Levin Before U.S. Senate Permanent Subcommittee on Investigations on Tax Haven Banks and U.S. Tax Compliance, July 17, 2008 (Übers. J. B.)

Worthülsen. Deren emotionale Wirkung hält auch dann noch an, wenn die Zahlen längst widerlegt sind. Häufiges Wiederholen verstärkt die hypnotische Wirkung. Deshalb repetierte Levin die Zahl „Milliarden" immer und immer wieder.

Zudem wurde die anschwärzende Wirkung der Begriffe „geheime Steueroasen" und „Wirtschaftkrieg" durch den Kontrast zu den „ehrlichen, hart arbeitenden amerikanischen Steuerzahlern" effektvoll hervorgehoben.

Die theatralische Ankündigung Levins, er werde die „Mauern dieses Geheimnisses niederreissen", war ein weiterer Manipulationstrick. Sie war ein hypnotischer Anker. Denn die Formulierung erinnert an Szenen aus Filmen mit James Bond oder ähnlichen Filmhelden, die sich dem „Bösen" unerschrocken in den Weg stellen. Dieses hypnotische Bild sollte die Botschaft im Unbewussten der Zielpersonen verankern, es gehe um einen Kampf des „Guten" gegen das „Böse".

Gassensprache deutscher SPD-Kader

Nach dem Startschuss aus Washington stiegen auch deutsche SPD-Kader in die Kampagne ein. Der inzwischen abgewählte SPD-Finanzminister Peer Steinbrück verwendete Levins Kampfbegriff „Steueroase"[15] und bezichtigte die Schweiz einer „undurchsichtigen Steuerpraxis".[16] Er drohte, sie auf eine „schwarze Liste" der OECD von „unkooperativen Staaten" zu setzen – lauter anschwärzende hypnotische Worthülsen – und fügte an: „Statt Zuckerbrot müssen wir auch zur Peitsche greifen."[17] Dann steigerte er sich zur Hassrethorik: „Dass eine solche Liste erarbeitet werden könnte [...] [ist wie die] siebte

15   Steinbrück sagt Steueroasen den Kampf an. *Der Spiegel*, 21.10.2008
16   Steinbrück und die Schweiz. Seeblog. http://seeblog.seelicht.ch/peer-steinbrueck-und-die-schweiz/, 14.12.2009
17   Steinbrück in Zitaten. *Weltwoche*, 16.4.2008

Kavallerie in Fort Yuma [...]. Die muss man nicht unbedingt ausreiten lassen. Die Indianer müssen nur wissen, dass es sie gibt.“[18]

SPD-Parteichef Franz Müntefering fasste nach: „Zu früheren Zeiten hätte man dort Soldaten hingeschickt.“[19]

Im deutschen Bundestag verstieg man sich zur Äußerung: „Die Maßnahmen, die Deutschland ergreifen kann, bestehen schlicht und ergreifend darin, sich an die spanische Inquisition zu erinnern. Zuerst zeigt man demjenigen, der sich aus deutscher Sicht nicht wohl verhält, die Folterwerkzeuge.“[20]

Diese Drohungen und Verunglimpfungen überschritten Grenzen im Umgang der europäischen Staaten miteinander, die nach 1945 für nicht mehr überschreitbar gehalten wurden. Ihresgleichen finden sie allerdings in Äußerungen von Hitlers Propagandaminister Joseph Goebbels, der die Schweizer als „verkümmerte Hotelportiers“ beleidigte, denen man „das Maul stopfen“[21] müsse.

Internationaler Gruppendruck gemäß Lehrbüchlein

Die obigen Drohungen und Beleidigungen dienten dazu, internationalen „Gruppendruck“ gegen die Schweiz aufzubauen. Getreu der zitierten Anleitung zum Aufbau von Gruppendruck wurden die Einschüchterungen immer wieder im Rahmen von internationaler Konferenzen vorgebracht – etwa an Treffen

18 Ebd.
19 Juncker vergleicht Kritik an Steueroasen mit Nazi-Besatzung. *Der Spiegel*, 9.5.2009
20 Jarass Lorenz (Bündnis 90/Die Grünen). Deutscher Bundestag, Finanzausschuss, öffentliche Anhörung zum Thema „Bekämpfung von Steuerhinterziehung und Steuerflucht“, 25.3.2009
21 Vgl. Stüssi-Lauterburg Jürg & Luginbühl Hans. Freier Fels in brauner Brandung. Zollikofen und Baden 2009, S. 17

der OECD oder der G20. Auf diese Weise wurde die Schweiz international bloßgestellt („naming and shaming"), mit konstruierten Vorwürfen konfrontiert („Versäumnisse transparent machen") und im Sinne eines „vorauswirkenden Sanktionsmechanismus" unter künstlichen Gruppendruck („peer group pressure") gesetzt.[22]

John Wayne als hypnotischer Anker

Auch die deutschen Medien setzen ihr gesamtes Arsenal an manipulativen Methoden in Betrieb, um die Schweiz zu verunglimpfen. Unter der Überschrift „John Wayne am Matterhorn" kaprizierte sich der *Stern* etwa auf die hypnotische Psychotechnik „Ankern".

Der Artikel begann: „Er reitet gegen Unrecht und Steuerflucht." Gemeint war Peer Steinbrück, der in der anschließenden Szene als John Wayne „sporenklirrend" gegen das „Böse" reitet, nämlich gegen die Schweiz, um dort die „Viehdiebe" zu vertreiben. So sollte dem Leser mit dem hypnotischen Anker „John Wayne" die Botschaft eingeimpft werden: „Peer Steinbrück ist der Gute; in der Schweiz dagegen herrschen Unrecht und Steuerflucht."

Der gleiche Psychotrick wurde gleich nochmals verwendet, und zwar beim zweiten Mal mit einem Anklang an James-Bond-Filme. Wie in diesen Filmen tragen auch im *Stern*-Artikel böse Männer ihr übel ergaunertes Geld kofferweise in die Schweiz, um es in den dortigen Banken zu verbunkern: „Der Ansturm der Dunkelmänner auf die helvetischen Bankschalter" ist „so ungestüm", denn die Schweiz ist ein einziger „Schwarzgeld-Safe" und hat „Milliarden [...] verbunkert".[23]

---

22 Borchert Heiko, Eggenberger René. a. a. O., S. 7
23 John Wayne am Matterhorn. *Stern*, 3.4.2009

Damit die Manipulation nicht so auffiel, kam sie getarnt als „origineller, witzelnder Journalismus" daher.

Gesunde Empörung als krank erklären

Der *Stern* hatte noch eine weitere Psycho-Masche auf Lager, das „Psychiatrisieren": „[Seither] gilt Peer Steinbrück als größte Bedrohung der Schweizer Lebensart [...]. Der Furor [Wut, Raserei] in der notorisch von Minderwertigkeitskomplexen bedrückten Schoki-Republik lässt vermuten: seit Wilhelm Tell."[24]

Damit wurde den Schweizern unterstellt, sie würden sich die Bösartigkeiten der deutschen Angreifer nur einbilden, weil sie chronische Minderwertigkeitskomplexe hätten. Infam wurde damit die Realität zu einem „Gefühl" verdreht. Mit dem Ausdruck „Furor" wurden die Schweizer gar als geisteskrank erklärt, denn „Furor" ist ein anderes Wort für Wahnsinn.[25]

Psychiatrisierungen kamen auch in anderen Presseerzeugnissen zum Einsatz. So unterstellte die *Süddeutsche Zeitung* den Schweizern „Selbstzweifel",[26] während *Die Zeit* die Empörung der Schweizer über die Angriffe als „typische Abwehrreaktion derer" bezeichnete, „die sich nicht so ganz im Recht wissen".[27] Damit erklärte sie eine gesunde Reaktion als krank. Denn der psychiatrische Begriff „Abwehrreaktion" besagt, dass bei einer Person ungelöste innere Konflikte vorliegen.[28] Ähnlich titulierte auch die *Frankfurter Allgemeine Zeitung* die verständliche Em-

---

24 Ebd.
25 Furor = Wut, Raserei. Vgl. Gentner Stefanie: *Geschichte und Genese grundlegender Konzepte des Wahnsinns.* Hauptseminararbeit an der Ludwig-Maximilians-Universität München (2007)
26 Das Glück ist über alle Berge. *Süddeutsche Zeitung,* 22.3.2009
27 Schweizer Lebenslüge. *Die Zeit,* 26.2.2009
28 Vgl. Laplanche, J. & Pontalis, J.-B. *Das Vokabular der Psychoanalyse.* Frankfurt 1982, Band I, S. 24ff

pörung der Schweizer als „hysterische Reaktion".[1] Steinbrücks Attacken hingegen beklatschte sie als reinigendes „Gewitter über der Grenze", als eine „Katharsis", die eine „kollektive Psychotherapie für die traumatisierte Nation" ermögliche.[2] Damit wurde das gesamte Land als behandlungsbedürftiger Patient hingestellt – eine Dummheit und Frechheit sondergleichen.

Anschwärzende Begriffe erfinden

Im Erfinden bösartiger Etiketten übertrafen sich die deutschen Medien gegenseitig. So titulierte der *Stern* die Schweizer als „gierige Gnome", die ihr „parasitäres Bankgeheimnis" hüten würden,[3] während *Die Zeit* den unsäglichen Ausdruck „dunkler Fleck auf der Weltkarte" erfand.[4] Die *Süddeutsche Zeitung* setzte das Wort „Schurkenstaat" in die Welt.[5] Weitere Verunglimpfungen waren: „zwielichtige Rolle in kriminellen Geschäften",[6] „selbstgerechte Kriegs- und Krisengewinnler", „egoistisches Lavieren im europäischen Abseits" bis hin zur Extremformulierung „Feind im Innern" Europas.[7] Alle diese emotional negativ aufgeladenen Negativ-Begriffe dienten allein dem Negative Campaigning gegen die Schweiz.

---

1   Die Indianer jodeln in ihrer Alpenfestung. *Frankfurter Allgemeine Zeitung*, 14.4.2009

2   Der Begriff „Katharsis" (griechisch: Reinigung) wird in Freuds erster Theorie verwendet. Er besagt, dass traumatische Erlebnisse aus der Kindheit unter Hypnose nochmals durchlebt werden müssen, damit der psychisch Kranke geheilt werden kann. Vgl. Laplanche, J. & Pontalis, J.-B. *Das Vokabular der Psychoanalyse*. Frankfurt 1982, Band I, S. 147

3   John Wayne am Matterhorn. *Stern*, 3.4.2009

4   Schweizer Lebenslüge. *Die Zeit*, 26.2.2009

5   Das Glück ist über alle Berge. *Süddeutsche Zeitung*, 22.3.200

6   Buhmann Peer Steinbrück. Des Schweizers liebster Feind. *Frankfurter Rundschau*. 24.3.2009

7   Die Indianer jodeln in ihrer Alpenfestung. *Frankfurter Allgemeine Zeitung*, 14.4.2009

Bevölkerungen spalten

Die dargestellte Rhetorik zielte einzig darauf ab, in Deutschland Abneigung und Hass gegen die Schweiz zu schüren. Besonders deutlich trat diese Absicht in einem Artikel in der *Frankfurter Rundschau* zu Tage. Dort wurden international geschätzte Schweizer Spezialitäten systematisch heruntergemacht: Das beliebte Schweizer Käsefondue sei eine „blassgelbe, fadenziehende Masse", ein „blubbernder Käsepapp", der „Klumpenmagen oder Schlaflosigkeit" verursache, höhnte das Blatt. Über die Schweizer Garde in Rom, das Matterhorn, Schweizer Uhren, Schweizer Schokolade und DJ Bobo zog es in ähnlicher Weise her. Man könne auf alle diese Dinge gerne verzichten, ja man könne sie „wirklich langsam nicht mehr sehen",[8] giftete der Autor. So soll mittels der Psychotechnik „Spalten" ein Keil zwischen die deutsche und die Schweizer Bevölkerung getrieben werden.

Aus dem Schweizer Beispiel Mut schöpfen

Es ist zu hoffen, dass die deutsche Bevölkerung sich ihr gutes Verhältnis zur Schweiz durch die dümmliche Propaganda nicht vermiesen lässt. Besser beraten wäre sie, wenn sie sich am „Modell Schweiz" orientieren und daraus Mut schöpfen würde. Denn das Beispiel der Schweiz zeigt, dass mehr Demokratie, mehr Mitsprache und mehr Gleichwertigkeit möglich sind. Besteht vielleicht das Ziel der „Operation Schweiz" gerade darin, solche Solidarität zu verhindern? Soll verhindert werden, dass auch die deutsche Bevölkerung – wie die Schweizer – direktdemokratisch über Sachfragen abstimmen will?

Dr. Judith Barben ist Psychologin. Vor kurzem erschien ihr Buch Spin doctors im Bundeshaus. Gefährdungen der direkten Demokratie durch Manipulation und Propaganda.

---

8   Buhmann Peer Steinbrück. Des Schweizers liebster Feind. *Frankfurter Rundschau*. 24.3.2009

Jürgen Elsässer

DIE SCHWEIZ ALS „FEIND IM INNERN" EUROPAS

Wie und warum das internationale Finanzkapital einen „Schurkenstaat" erfindet.

In der *Frankfurter Allgemeinen Zeitung*, dem publizistischen Flaggschiff der Bundeskanzlerin, wurde auf dem Höhepunkt der Kampagne gegen die Schweiz im Mai 2009 diagnostiziert, dass die Lage für unser Nachbarland „nun so aussieht, wie es ihr die (nationalkonservative Schweizer Volkspartei) SVP immer vorgegaukelt hat: Sie ist allein in der Welt, ohne Freunde, dem Zangenangriff der Vereinigten Staaten und Europas ausgeliefert, auf eine ‚graue Liste' der Völkergemeinschaft gesetzt. Die Schonzeit zweier Weltkriege ist vorbei." Und weiter: „Im zusammenwachsenden Europa wurde die Schweiz zum ‚Feind im Innern'."[9] Dies meint Autor Jürg Altwegg wohlgemerkt nicht als Kritik an EU und den USA, sondern an den Schweizern, die ihre Isolation selbst verschuldet hätten. Damit der Leser in die richtige Richtung marschiert, wird der „innere Feind" gleich in der Überschrift markiert: „Die Indianer jodeln in der Alpenfestung". Steinbrücks Motiv der rückständigen Wilden wird hier nicht auf die Rocky Mountains, sondern auf die „Alpenfestung" bezogen, aus der heraus die Schweizer einer Nazi-Invasion widerstehen wollten. Was der politisch korrekte Zeitgeist in anderen Fällen als heroisches Partisanentum feiert, wird im Falle der Schweizer der Lächerlichkeit preisgegeben: Im „Reduit" der Berge hätten sie sich vorbereitet, um „in Bunkern und auf Geröllhalden einen kleinen Flecken autonome Schweiz zu verteidigen". An diesem feinen Spott des *FAZ*-Antifaschismus hätte sicher auch Joseph Goebbels seine Freude gehabt.

---

9   Jürg Altwegg, Die Indianer jodeln in ihrer Alpenfestung, FAZ 15.4.2009

Steuerflucht nach Delaware

Natürlich hat das meiste, was über die sogenannte Steueroase Schweiz derzeit in Deutschland und anderswo geschrieben wird, mit den Fakten nichts zu tun – etwa die auch von Steinbrück kolportierte Zahl von 200 Milliarden Euro Schwarzgeld, die Deutsche angeblich ins Nachbarland gebracht haben.[10]

Dabei ist unbestritten, dass in der Schweiz mehr oder weniger reiche Leute aus anderen Ländern Geld vor dem Fiskus verstecken. Aber man sollte die Relationen im Auge behalten: Tatsächlich ist der US-Bundesstaat Delaware auf Platz 1 der weltweit beliebtesten Finanzoasen vorgerückt – so eine Untersuchung des *Netzwerks Steuergerechtigkeit*, eines Zusammenschlusses sozial- und entwicklungspolitischer Initiativen und kirchlicher Gruppen mit Sitz in Berlin, vom Jahresende 2009.

Welche Summen deutsche Steuersünder in Delaware hinterziehen, wird sich freilich nur schwer ermitteln lassen. Denn die Beliebtheit der Wildwest-Provinz hängt gerade damit zusammen, dass sie In- wie Ausländern die Registrierung anonymer Gesellschaften und das Einrichten anonymer Konten ermöglicht. Das ist ein riesiger Unterschied zur Schweiz, deren anonymen Nummernkonten zwar aus keinem Hollywood-Gangsterfilm wegzudenken sind, aber in der Realität seit vielen Jahren der Vergangenheit angehören.

Wie muss ich es anstellen, mein Geld vor dem Fiskus zu verstecken? Der australische Politikwissenschaftler Jason Shermann machte 2009 einen Selbstversuch. Er wendete sich an Finanzdienstleister, die Steueroptimierungsmodelle anpreisen, und unterbreitete diesen ungeniert seinen Wunsch, eine Briefkastenfirma zu gründen. Von 54 angeschriebenen Anbietern boten 45 prompt ihre Hilfe an. 28 davon verhielten sich kor-

---

10   Vgl. Interview mit Steinbrück am 27.4.09 im Schweizer Fernsehen und
3Sat

rekt und verlangten eine notariell beglaubigte Kopie des Passes oder der Geburtsurkunde. 17 verzichteten auf die Einhaltung gesetzlicher Vorschriften und waren mit einer Kreditkarte zufrieden. Von diesen 17 wiederum haben 13 ihren Sitz in den wichtigsten westlichen Industrieändern, den sogenannten OECD-Staaten – also gerade nicht in den kleinen Steuerparadiesen. Der einzige Finanzdienstleister aus der Schweiz, den Sherman anschrieb, lehnte ab.

In Großbritannien konnte Sherman innerhalb von 45 Minuten eine Briefkastenfirma ins Handelsregister eintragen lassen. Sie hatte einen erfundenen Besitzer, einen virtuellen Direktor und eine virtuelle Sekretärin. Noch leichter war es in den USA: Ein Finanzdienstleister offerierte die Gründung eines anonymen Unternehmens und die Eröffnung eines anonymen Bankkontos. Die vom Gesetzgeber geforderte Identifizierung umging er, indem er für Sherman die Sozialversicherungsnummer eines eigenen Angestellten angab. Am wenigsten kriminelle Energie waren in Nevada und Delaware zum Gesetzesbruch erforderlich: Dort genügt die elektronische (!) Übermittlung der nicht-beurkundeten (!) Kopie des Führerscheines (!), um eine Scheinfirma anzumelden.

„Von allen Ländern, die ich untersucht habe, schneiden die USA in Sachen Sorgfaltspflicht mit Abstand am schlechtesten ab, schlechter gar als Somalia", bilanzierte Sherman seinen Selbstversuch in Sachen Steuerhinterziehung.

Schurkenstaat Großbritannien

Aber selbst, wenn die Schweiz die böse Steueroase wäre, als die sie hingestellt wird: Auch dann wäre das Halali der westlichen Großmächte auf die kleine Alpenrepublik nicht gerechtfertigt. Denn für die aktuelle Weltwirtschaftskrise, deren Beginn im Herbst 2008 Auslöser der wütenden Attacken auf die Eidgenossenschaft war, ist Steuerflucht weder Grund, Hintergrund noch Auslöser. Dass, etwa auf dem G20-Gipfel im April 2009 in London, von Steinbrück und Co. der gegenteilige Eindruck erweckt wurde, hat selbst die *FAZ* verblüfft: „Ob sich später mancher wundert, wie es den Gipfelstrategen gelungen ist, den Kampf gegen Steuerhinterziehung ins Zentrum eines Treffens zu rücken, das die Lösung einer Weltfinanzkrise zum Ziel hat? Das eine hat mit dem anderen jedenfalls weniger zu tun, als die Staats- und Regierungschefs glauben machen wollen, die sich den Steuerfragen teils mit größerer Inbrunst widmeten als sperrigen Systemreformen."[11]

Damit zusammen hängt die Verwischung der Kategorien Steueroase und Offshore-Finanzplatz. In Steueroasen wie Delaware – unter „ferner liefen" rangieren auch die Schweiz und Liechtenstein in dieser Kategorie – verstecken Betrüger ihr Geld vor dem Fiskus. Das ist unsozial und muss bestraft werden. Aber: Diese jahrzehntelange Praxis hat mit der aktuellen Weltfinanzkrise nicht das Mindeste zu tun. Diese geht vielmehr auf Operationen auf Offshore-Finanzplätzen zurück, die erst Mitte der neunziger begonnen haben und bei denen „finanzielle Massenvernichtungswaffen" – so ein Ausdruck des US-Multimilliardärs Warren Buffet – hergestellt werden. Dabei handelt es sich um Derivate, die ohne materielle Deckung im Computer generiert wurden. Oft bauen solche Schwindelpapiere auf Schulden, etwa aus dem US-Immobiliensektor, auf, die dann – simsalabim – als scheinbar wertbeständige Anlagen „verbrieft" und an Gutgläubige weiterverkauft werden. Diese faulen Zockereien summieren sich, so die *Bank für Internationalen Zahlungsausgleich* in Basel (BIZ) zu Jahresende 2008, auf astronomische 868 Billionen US-Dollar. Explodieren diese Zeitbomben, werden Geldhäuser wie die die deutsche *Industriekreditbank* (IKB) oder gleich ganze Staaten in den Abgrund gerissen.

---

11   Heike Göbel, Listenplätze, FAZ 4.4.2009

Erfunden wurden diese Teufelsprodukte von den Big Players auf den Finanzplätzen New York und London (vor allem J. P. Morgan, Goldman Sachs und Morgan Stanley), aber gehandelt werden sie in der Regel über außerbörsliche Hedgefonds und außerbilanzielle Bank-Töchter mit Sitz in Offshore-Finanzräuberhöhlen. Der Clou: Über drei Viertel dieser gesetzlosen Spekulationsinseln sind britisch, gehören aber nicht zu Großbritannien und unterliegen deswegen nicht den Gesetzen des Vereinigten Königreiches bzw. den Bestimmungen der EU. Wie geht das – britisch, aber nicht zu Großbritannien gehörig? Ganz einfach: Diese Gebiete sind Privatbesitz des britischen Adels, in der Regel der britischen Krone!

Die wichtigsten dieser britischen Offshore-Zentren wurden in den Beschlüssen des Londoner G20-Gipfels vom April 2009 außerordentlich geschont: Die Kanalinseln Sark, Jersey und Guernsey sowie die Isle of Man tauchen in den nach der Konferenz veröffentlichten Listen der sogenannten Steueroasen gar nicht auf, weil sie angeblich ihre Finanzströme offengelegt und damit fiskalische Erhebungen aus den OECD-Staaten ermöglicht haben. Zurecht wies *LINKE*-Chef Oskar Lafontaine im Bundestag im Mai 2009 darauf hin, dass das entsprechende Abkommen etwa mit Jersey „überhaupt nichts wert ist, weil die Informationen, die (für den Zugriff deutscher Gerichte) erforderlich sind, überhaupt nicht vorliegen, da es keine Bücher und Unterlagen gibt". Die Cayman Inseln, Bermuda, Anguilla, die Virgin Islands, Gibraltar und die Cook-Inseln wurden im G20-Beschluss zwar aufgeführt, aber nur auf der grauen Liste. Dort finden sich die Länder, die versprochen haben, den OECD-Standard gegen Steuerflucht umzusetzen, aber dies noch nicht getan haben. Sanktionen werden freilich auch ihnen nicht angedroht. Gleichauf mit den britischen Fabrikationsstätten „finanzieller Massenvernichtungswaffen" rangieren auf dieser grauen Liste übrigens harmlose Staaten wie die Schweiz und Österreich. Zurecht beklagt man sich in Bern und Wien über diese Gleichsetzung mit Spekulationsverbrechern.

Gutgläubige werden sich damit trösten, dass zwar die britischen Offshore-Zentren nicht ausgetrocknet wurden, wohl aber die Chefs der dort tätigen Hedge-Fonds und Betrugsgesellschaften nach dem Londoner Gipfel über ihre Residenturen in den G20-Staaten an die Kandare genommen werden sollen. Die *FAZ* glaubt nicht daran: „Was heißt es schon, dass Hedge-Fonds-Manager registriert werden sollen? Die britischen Hedge-Fonds-Manager beispielsweise sind schon alle registriert. Das aber bedeutet nicht automatisch, dass sie auch beaufsichtigt werden. In den Vereinigten Staaten ist ein Großteil der Hedge-Fonds deswegen nicht erfasst, weil sie angeblich zu klein sind: daher offenbar der Zusatz der G-20-Deklaration, dass die Registrierung ‚gegebenenfalls‘ von einer Mindestgröße abhänge. Es wird betont, alle ‚systemisch wichtigen‘ Finanzinstitute sollten reguliert und beaufsichtigt werden, und zwar auch systemisch wichtige Hedge-Fonds. Niemand aber sagt, was ‚systemisch wichtig‘ heißt. Die Londoner City ist der Ansicht, Hedge-Fonds seien dies nicht.“[12] Seit Inkrafttreten des Lissabon-Vertrages am 1. Dezember 2009 ist ohnedies jedes Vorgehen gegen die Stützpunkte der Finanzpiraten untersagt: Das Regelwerk verbietet den Mitgliedsstaaten jede Einschränkung des grenzüberschreitenden Kapitalverkehrs.

Warum die britische Regierung kein Interesse an Vorschriften für den Finanzsektor hat, erklärt John Christensen, der elf Jahre lang Berater der Regierung der Kanalinsel Jersey war, bevor er Direktor des spekulationskritischen *Tax Justice Network* wurde. Die britischen Off-Shore-Finanzzentren seien „Satelliten der City von London". Die City sehe die Inseln als Wettbewerbsvorteil im Kampf um internationales Kapital, sagte Christensen gegenüber *Spiegel-Online*, und werde in dieser Ansicht auch von der Labour-Regierung unterstützt.[13] Nota bene: Ein Viertel der gesamten britischen Wirtschaftsleistung wird von Hedge Fonds erbracht, rechnete der frühere Deutsche Bank-

---

12   Bettina Schulz, Reformen nach dem Gipfel, FAZ 4.4.2009
13   Carsten Volkerei, Britischer Premier in der Kritik, spiegel.de 28.1.2009

Manager Edgar Most im Oktober 2008 in der Talkshow von Anne Will vor. Deswegen mauert Premier Gordon Brown bei der Regulierung der Heuschrecken.

Gefahren von der Pirateninsel

Die faulen Papiere aus Offshore-Finanzgiftküchen wie den Cayman-Inseln, die sich deutsche Kreditinstitute von Nadelstreiflern in London und New York haben aufschwatzen lassen, summieren sich auf sage und schreibe 296 Milliarden Euro, errechnete die *FAZ* Ende Januar 2009.[14] Diese Forderungen sind von deutscher Seite nicht einklagbar, da die Anlageoasen von deutschen oder internationalem Recht nicht erreicht werden können. Solche Bomben aus fiktivem Kapital sind in Island bereits explodiert und haben den Ruin des Landes bewirkt – jeder Dritte Isländer denkt jetzt ernsthaft ans Auswandern. Manches stolze Bankschiff wird auch hierzulande auf Grund gehen, mit allen Folgen für Sparguthaben und Arbeitsplätze, wenn diese Sprengsätze nicht entschärft werden.

Doch Steinbrück entschärfte nichts. Schlimmer noch: Er sprach nicht einmal über diese 296 Milliarden Euro uneinbringbaren Forderungen, die Deutschland gegenüber Großbritannien und seinen Pirateninseln hat. Er sprach nur über die – angeblichen – zwei Milliarden Euro, die der deutsche Fiskus von der Schweiz haben will. Das nennt man Ablenkungsmanöver. Das nennt man Jagd auf Sündenböcke, um von den wirklichen Schuldigen abzulenken. Aus der Geschichte weiß man, wo das enden kann.

Jürgen Elsässer ist Buchautor und Herausgeber der Reihe COM-PACT.

---

14 maf., Deutsche Banken haben hohes Hedge-Fonds-Risiko, FAZ 30.1.2009

Matthias Erne / Jürgen Elsässer

„ABSCHIED VON AMERIKA"

Argumente aus der Diskussion in der Schweiz und international

Ein Finanztip schlug Ende August 2009 ein wie die sprichwörtliche Bombe – weniger in der Öffentlichkeit als in der Fachwelt: Der eigenständige Schweizer Privatbankier Konrad Hummler plädierte im monatlichen Anlagekommentar der Bank *Wegelin & Co.* für den Ausstieg aus US-Wertpapieren! „Abschied von Amerika", so der Titel von Hummlers Expertise, ist programmatisch. So radikal, so offen hat kein anderer Finanzfachmann in Europa Konsequenzen aus der aktuellen Weltwirtschaftskrise gezogen.

Hummler ist nicht irgendwer: Seit 1991 führt er als unbeschränkt haftender Teilhaber die Geschäfte der St. Galler Privatbank *Wegelin & Co.* Außerdem ist er Verwaltungsrat in mehreren Banken, in einigen mittleren und kleineren Unternehmen sowie in der *Neuen Zürcher Zeitung.* Bei der *Schweizerischen Nationalbank* ist er Bankrat, bei der *Deutschen Börse* in Frankfurt/Main sitzt er im Aufsichtsrat. Hummler präsidiert die *Industrie- und Handelskammer St. Gallen-Appenzell* und die *Vereinigung Schweizerischer Privatbankiers.* Man könnte ohne Übertreibung sagen: unorthodoxe, denkkräftige und mutige Persönlichkeiten wie Hummler verkörpern die Seele der Schweizer Wirtschaft und bürgen auf der ganzen Welt für ihre Solidität.

UBS im Zangengriff

Hummler rekurriert in seinem Text auf das Ergebnis des jahrelangen Power Plays zwischen der führenden Schweizer Bank

UBS und den US-amerikanischen Finanzbehörden. Nachdem diese zwischenzeitlich sogar mit einem Einfrieren der UBS-Konten gedroht hatten, mussten die Schweizer im Sommer 2009 nachgeben und 4.450 Kundennamen „wegen Verdachts auf Steuerbetrug" offenlegen. Hummler kritisiert: „Alle sprachen von ‚Erfolg'. Die amerikanische Steuerbehörde IRS ganz gewiß zurecht, denn sie hat das bekommen, was sie wollte, nämlich den Zugriff auf eine große Anzahl spezifischer Kundennamen einerseits, als auch andrerseits eine fortdauernde Unsicherheit bei allen anderen, ob sie wohl ebenfalls dazugehören würden. Die UBS ihrerseits ist froh, keine weitere Buße bezahlen zu müssen und das schwer belastende Gerichtsverfahren los zu sein."

Doch der Vertrauensverlust, den die UBS hinnehmen mussten, ist für den Privatbankier enorm: „Verlierer gibt es aber selbstverständlich ebenfalls. Das sind die betroffenen Personen, die als mutmaßliche Steuerbetrüger nun die Verfolgung gewärtigen müssen, und denen ‚man' bis vor relativ kurzer Zeit versprochen hatte, dass just dies nicht eintreffen würde. [...] ‚Man' hatte versprochen, geduldet, Standfestigkeit gemimt – und ist nun umgefallen. Unter dem Schein des Erfolgs verbirgt sich der Misserfolg eines Treuebruchs."

Das Stichwort Treue nimmt Hummler als Ausgangspunkt einer ethisch-moralischen Abrechnung mit den Claqueuren der US-Strafmaßnahmen gegen die UBS, auch unter seinen Landsleuten. „Auf die Gefahr hin, wieder einmal gewisse Wirtschaftsethiker aufs Blut zu reizen, sei an dieser Stelle nur ganz kurz angedeutet, welcher Steuerbehörde beziehungsweise welcher Art von Staat sie zudienen: einem Land, das über die letzten 60 Jahre unbestreitbar zu den weltweit aggressivsten Nationen gehört hat. Die USA haben mit Abstand am meisten kriegerische Handlungen, einmal mit, meistens ohne UNO-Mandat vom Zaun gerissen. Kriegsvölkerrecht wurde verletzt, geheime Gefängnisse unterhalten, fragwürdige Regimes werden gestützt, ein absurder Krieg gegen Drogen geführt mit gravierenden

Auswirkungen im Ausland (Kolumbien, Afghanistan) und im Inland (nach glaubwürdigen Quellen reichen die Tentakel der Drogenmafia bis weit in politische Kreise hinein). In geradezu atemberaubender Doppelmoral unterhalten die USA Offshore-Oasen riesigen Ausmaßes in Florida, Delaware und andere Teilstaaten. Die Moralapostel stellen sich auf die Seite einer Nation, die immer noch die Todesstrafe kennt und extensiv ausübt [...]. Die Moralisten unterstützen geistig ein Land, das seine Infrastruktur verfallen lässt und in zum Teil fragwürdigen Verfahren Verurteilte in hoffnungslos überfüllte Gefängnisse steckt. Sie schanzen Mittel einer Nation zu, die in hoher Regelmäßigkeit Krisen in dem von ihr betriebenen Weltfinanzsystem zulässt, ja, eigentlich verursacht, einer Nation, deren Unterschichten weder in den Genuss adäquater Bildung noch eines einigermaßen tauglichen Gesundheitssystems gelangen, einem Land, dessen Wirtschaftssystem immer mehr zum Überkonsum neigte und in welchem Sparen und Investieren mehr und mehr zum Fremdwort wurde, was mit Sicherheit einen der treibenden Faktoren für die gegenwärtige Rezession mit ihren katastrophalen Folgen für die ganze Welt darstellte."

Warren Buffett geht von Bord

Obwohl Hummlers Text mit dem erzwungenen Kotau der Schweizer Großbank UBS vor der US-Finanzaufsicht beginnt, sollte er nicht als Retourkutsche gelesen werden. Vielmehr begründet Hummler den notwendigen „Abschied von Amerika" mit den inneren Widersprüchen der US-Ökonomie und der hinter ihrem Steuersystem stehenden Interessen, die die Supermacht zerreißen könnten – und alle, die sich nicht rechtzeitig aus der Umklammerung mit ihr lösen.

Am 18. Dezember 2008 schrieb die *Frankfurter Allgemeine Zeitung*: „Es muss schrecklich stehen um die wirtschaftlichen Aussichten der Vereinigten Staaten. Anders lassen sich die Entscheidungen der US-Zentralbank Fed von Dienstag nicht interpretieren. Die von Ben Bernanke geleitete Führung der Notenbank, die nicht im Ruf eines Klubs von Abenteurern steht, beschreitet ein für die Geldpolitik fremdes und undurchsichtiges Terrain. An die Stelle traditioneller Geldmarktsteuerung durch Zinspolitik tritt eine ungehemmte Finanzierung der Wirtschaft durch die Notenpresse. Jede traditionelle Theorie betrachtet dies als eine Todsünde."

Fed-Chef Bernanke wird von Spöttern gerne als „Helikopter Ben" bezeichnet – dieser Spitzname reflektiert seinen Ansatz. Sein theoretischer Ziehvater Milton Friedman hatte Ende der sechziger Jahre als probates Mittel gegen eine Krise postuliert: „Nehmen wir an, ein Helikopter flöge über diese Gemeinde und würfe zusätzliche 1000 Dollar in Geldscheinen vom Himmel." Anknüpfend daran schrieb Bernanke im Jahr 2002: „Die US-Regierung verfügt über eine Technik, genannt Notenpresse (oder heute deren elektronisches Äquivalent), das es ihr erlaubt, so viele US-Dollar herzustellen wie sie wünscht, und zwar praktisch kostenlos."

Das Zitat Friedmans verblüfft, denn der Nobelpreisträger gilt eigentlich als der Papst des Monetarismus. Im Unterschied zu John Maynard Keynes, der für staatliche Ausgabenprogramme zur „antizyklischen" Konjunkturstimulierung steht und als Theoretiker des New Deal unter US-Präsident Roosevelt gilt, plädieren die Monetaristen eigentlich für eine strikte Ausgabendisziplin der öffentlichen Hand. Doch in einer großen Krise wie der jetzigen werden alle Dogmen über Bord geworfen.

Die Folgen der Dollarschwemme ließen sich 2009 an den Devisenmärkten studieren: Der Greenback verlor massiv an Wert. Statt 1,25 Dollar (2008) musste man zeitweilig 1,50 Dollar bezahlen, um einen Euro einzutauschen. Der bekannte US-Multimilliardär Warren Buffett warnte im Sommer 2009, die vorübergehende Konjunkturerholung als Krisenlösung fehlzuinterpretieren. In der *New York Times* schrieb er am 18. August 2009: „Die Wirtschaft der Vereinigten Staaten scheint zwar aus der Notfallstation entlassen und auf dem Weg der Besserung zu sein. Aber die enormen Dosen von monetärer Medizin müssen weiterhin bewältigt werden, und wir werden für sehr lange Zeit an den Nebeneffekten leiden. Bis jetzt sind diese zwar unsichtbar und könnten es auch für eine Weile bleiben. Aber es könnte auch sein, dass sie gefährlich werden wie die Finanzkrise zuvor." Bill Gross von der *Pacific Investment Management Co.* (Pimco), welche den weltweit größten Obligationenfonds verwaltet, rät dazu, Dollar-Anlagen zu verkaufen, „bevor Notenbanken und Staatsfonds dasselbe tun".

Hummler wählt – ungewöhnlich für einen nüchternen Bankier – ein drastisches Sprachbild, um die Dramatik der Situation zu unterstreichen: „Genauso, wie man den Exodus der Ratten aus einem Schiff nicht auf die leichte Schulter nehmen darf. Denn sie kennen das Schiff an seinen entscheidenden Stellen oft deutlich besser als der Kapitän und seine Offiziere."

Raus aus dem Dollar!

Was kann David gegen Goliath machen? Hummler weiss, dass ein Machtkampf der Schweiz mit dem US-Giganten nicht gewonnen werden kann. Aber vielleicht kommt der Angreifer durch die überschießende Dynamik seines eigenen Vorstoßes zu Fall? Wie das Militär, die Währung, das Justizsystem, die „cultural tools" ist auch das Steuer- und Wertpapierrecht ein machtpolitisches Instrument, dem – sobald erkannt und benannt – ausgewichen werden kann. Mit etwas Denkkraft kann man es judoartig gegen den Absender nutzen – und dabei noch seine Geldanlagen schützen.

Die Analysten vom *Global Europe Anticipation Bulletin* (GEAB) befürchteten im Frühjahr 2009, dass angesichts der galoppierenden US-Geldvermehrung ausländische Geschäftspartner schon bald ablehnen werden, sich mit Dollars auszahlen zu lassen, da die Greenbacks immer weniger durch reale Wertschöpfung gedeckt sind. Das wäre die Wiederholung der Dollarkrise von Anfang der siebziger Jahre, allerdings auf höherer Stufenleiter: Damals hatte Uncle Sam zur Finanzierung des Vietnamkrieges die Notenpresse so wild rotieren lassen, dass das Versprechen des jederzeitigen Umtauschs der Papierwährung in Gold völlig unglaubwürdig geworden war. Präsident Richard Nixon suspendierte also 1971 die Goldbindung, der Greenback stürzte ab. Die GEAB-Prognosen sehen eine ähnliche Entwicklung voraus: Die US-Regierung werde den Dollar schlagartig um 90 Prozent abwerten – und dadurch auch ihre Zahlungsverpflichtungen an ausländische Gläubiger um diesen Prozentsatz zusammenstreichen.

Mittlerweile drängt die Volksrepublik China auf eine Ablösung des Dollars als Weltleitwährung und hat begonnen, den Handel mit ihren Partnern in den jeweiligen Landeswährungen, also nicht mehr auf Dollarbasis, abzurechnen. Auch Hummler empfiehlt einen radikalen Schritt: „Die Finanzkrise hat in den USA (und nicht nur dort) kapitalismus- und damit kapitalmarktfeindlichen Kräften Momentum verliehen. Das verspricht für diesen Teil der Welt wenig Gutes, macht aber den Abschied für den Anleger etwas leichter. Unser Bankhaus ist daran, über seine Berater den Anlagekunden aus Gründen der drohenden Erbschaftssteuern und wegen der Unsicherheit, ob man nicht auf die eine oder andere Weise zur US-Person gekürt werden könnte, derzeit den Ausstieg aus sämtlichen Direktanlagen in amerikanischen Wertschriften zu empfehlen."

Am Schluss seines Textes macht Hummler klar, dass er keine konjunkturelle, sondern eine strategische Entscheidung getroffen hat. „Wir leben in einer Epoche, in der sich die Gewichte auf der Welt am Verschieben sind. Asien steigt auf, Brasilien vermutlich ebenfalls, Australien wird lachender Dritter sein,

Europa kann sich möglicherweise noch einmal im Wiederaufschwung dieser Länder positionieren. Den USA bleiben die unbestreitbar vorhandene Militärmacht und die Schulden- und Problemberge. Redimensionierungsprozesse bergen, weil sie schmerzhaft sind und die Schuld dafür lieber auf Dritte überwälzt wird, in sich aggressives Potential. Die Schweiz bekommt dies derzeit zu spüren. Damit wird es aber nicht sein Bewenden haben. ‚Aggressives Potential' und wirtschaftliche Entfaltung schließen sich gegenseitig aus. Deshalb ist man wohl gut beraten, ganz generell den Abschied von Amerika zu vollziehen. Das schmerzt, denn die USA waren einmal die vitalste Marktwirtschaft der Welt. Aber bis auf weiteres muss es heissen: It's time to say Goodbye."

(Vollständig ist Hummlers Anlagekommentar Nr. 267 nachlesbar unter *www.svp-sh.ch/PDF/kom_265de.pdf.*)

III.

Dokumente und Zahlen

„Und die Zuwanderung ist vor allem auch ein großes Lob für die Schweiz. [...] Es nützt auch nichts, wenn wir über die Abwanderung von guten Köpfen ins Ausland jammern und darüber schimpfen, dass diese Leute anderswo bessere Bedingungen antreffen. Wir müssen unsere eigenen Strukturen fortlaufend optimieren."

Der damalige Bundeswirtschaftsminister Karl-Theodor zu Guttenberg in der *NZZ am Sonntag* vom 9. August 2009

KURZE GESCHICHTE DER SCHWEIZ

1291	Bundesbrief; Uri, Schwyz und Unterwalden erneuern ihr „altes Bündnis". Dieser Vertrag wird als Gründungsakte der Schweiz betrachtet
1307	Rütlischwur, Apfelschuss und Tyrannenmord durch Wilhelm Tell (genaue Jahreszahl nicht verbürgt)
1315	Schlacht bei Morgarten: Sieg über Strafexpedition der Habsburger (Tell soll mitgekämpft haben)
1332-1368	sukzessiver Beitritt von Luzern, Zürich, Bern, Glarus und Zug zur Eidgenossenschaft
1386-1388	Schlachten bei Sempach und Näfels: Höhepunkt des Konfliktes mit und Sieg über die Habsburger
1389	Friedensvertrag mit den Habsburgern
1476/77	Burgunderkriege: Sieg über den Herzog von Burgund, Karl den Kühnen
1481	Die Stadtstaaten Freiburg und Solothurn treten als neunter und zehnter Kanton in die Eidgenossenschaft ein.
1499/1501	Schwabenkriege gegen das Deutsche Reich (Schwäbischer Bund); Eidgenossenschaft festigt Selbständigkeit und scheidet de facto aus dem Reich aus; Beitritt von Basel und Schaffhausen.
1513/15	Mailänderkriege um die Herrschaft im Tessin und in Oberitalien, Niederlage bei Marignano (Lombardei); Beginn einer schweizerischen Neutralitätspolitik; Beitritt von Appenzell
1517-1648	Glaubensspaltung und konfessionelle Bürgerkriege (Reformatoren Zwingli und Calvin)
1572	Bartholomäusnacht in Frankreich: 20.000 Hugenotten werden umgebracht. Tausende fliehen in die Schweiz und begründen die Uhrenindustrie in Genf und im Jura.
1648	Im Westfälischen Friede wird die Eigenstaatlichkeit der Schweiz vom Deutschen Reich und den europäischen Großmächten völkerrechtlich anerkannt.
1762	Der Genfer Jean-Jacques Rousseau fordert in seinem Werk *Contrat Social* Volkssouveränität und demokratisches Aushandeln gesellschaftlicher Regeln.
1798	Im Gefolge der Französischen Revolution Zusammenbruch der *Alten Eidgenossenschaft*, Entstehung eines zen-

	tralistischen Einheitsstaates *Helvetische Republik* nach französischem Vorbild, Besetzung durch die napoleonische Armee, Durchzug fremder Mächte
1802	Die erste Volksabstimmung findet in der Schweiz statt. Das Volk nimmt die neue Verfassung an, die diejenige von 1798 ersetzt.
1803	Nach Bürgerkrieg in der Schweiz föderalistische Mediationsverfassung von Napoleons Gnaden; die Mediationsakte schafft die *Helvetische Republik* ab und richtet die eidgenössische Schweiz mit neunzehn Kantonen ein. Zu den dreizehn alten gesellen sich St. Gallen, Graubünden, Aargau, Thurgau, Tessin und die Waadt.
1815	Nach Niederlage Napoleons Restauration des schweizerischen Staatenbundes; französische Annektionen werden rückgängig gemacht; die Kantone Wallis, Neuenburg und Genf werden in die Eidgenossenschaft aufgenommen; ein neuer Bundesvertrag wird zwischen den 22 gleichberechtigten Kantonen unterzeichnet. Der Kongress von Wien zeichnet die Karte Europas neu. Die Schweiz erhält den Status eines unabhängigen Staates mit immerwährender bewaffneter Neutralität.
1830	In zwölf Kantonen wird die Restauration durch die Regeneration ersetzt, die die moderne repräsentative Demokratie einrichtet. Der Kanton St. Gallen verankert als erster Kanton das sogenannte Veto (Vorläufer des Referendums) in seiner Verfassung.
1847	Sonderbundskrieg: Sieg der liberalen Städte über den katholischen Sonderbund ohne Demütigung der Besiegten
1848	Als Resultat des Sonderbundkrieges: Verabschiedung der Bundesverfassung. Der Staatenbund wird zum Bundesstaat in heutiger Gestalt.
1864	Gründung des Roten Kreuzes durch Henri Dunant
1874	Verfassungsrevision mit Einführung des Rechts auf Referendum (Volksabstimmung über Gesetze)
1879	Volle Gleichberechtigung für Juden
1887	Ein Bundesgesetz zur Arbeit in den Fabriken wird angenommen. Die Schweiz ist Pionier in Sachen des Schutzes der Arbeiterschaft.
1888	Gründung der Sozialdemokratischen Partei der Schweiz

1891	Änderung der Verfassung: Einführung von Volksinitiativen als – nach den Referenden – zweite Säule der Direkten Demokratie
1897	Zionistenkongress in Basel
1918	Nach dem Ersten Weltkrieg schlägt die Armee einen Generalstreik nieder.
1919	Beitrittsgesuch des österreichischen Bundeslandes Vorarlberg zur Schweiz wird in einer Volksabstimmung abgelehnt. (In Vorarlberg 80 Prozent Zustimmung)
1919	Einführung des Proporzwahlrechtes und der 48-Stunden-Woche
1920	Beitritt zum Völkerbund, dessen Sitz in Genf festgelegt wird
1937	*Friedensabkommen* zwischen Arbeitgebern und Gewerkschaften in Schlüsselindustrien; dieses Abkommen schafft ein dauerhaftes Vertrauensklima.
1939	Nach deutschem Überfall auf Polen Generalmobilmachung in der Schweiz; Teilrückzug der Armee in die Alpenfestung („Reduit")
1947	Rentengesetz verabschiedet (*Alters- und Hinterlassenenversicherung* AHV)
1948	Beitritt zur UNESCO
1959	Einführung der „Zauberformel": Ständige Koalitionsregierung gemäß feststehendem Parteienproporz: 2 FDP (Freisinnige/Liberale), 2 CVP (Christlich-Konservative), 2 SP (Sozialdemokraten), 1 SVP (Nationalkonservative); 2003 Anpassung der „Zauberformel": Die SVP erhält aufgrund steigender Stimmenzahlen einen zweiten Sitz auf Kosten der CVP.
1960	Die Schweiz ist Gründungsmitglied der *Europäischen Freihandelsassoziation* (EFTA).
1970	Ablehnung von „Überfremdungs"-Initiativen durch das Stimmvolk
1971	Generelles Frauenstimmrecht
1974	Beitritt zur *Europäischen Menschenrechtskonvention*
1978	Der nördliche Teil des französischsprachigen Jura, seit 1815 in den Kanton Bern integriert, wird zum 23. Kanton der Schweiz.

| 1992 | Das Schweizer Volk lehnt den Eintritt des Landes in den *Europäischen Wirtschaftsraum* (EWR) ab. |
| 2002 | Beitritt zur UNO |

SCHWEIZERISCHER BUNDESBRIEF VON 1291

„In Gottes Namen. Amen. Das öffentliche Ansehen und Wohl erfordert, dass Friedensordnungen dauernde Geltung gegeben werde. Darum haben alle Leute der Talschaft Uri, die Gesamtheit des Tales Schwyz und die Gemeinde der Leute der unteren Talschaft von Unterwalden im Hinblick auf die Arglist der Zeit zu ihrem besseren Schutz und zu ihrer Erhaltung einander Beistand, Rat und Förderung mit Leib und Gut innerhalb ihrer Täler und außerhalb nach ihrem ganzen Vermögen zugesagt gegen alle und jeden, die ihnen oder jemand aus ihnen Gewalt oder Unrecht an Leib oder Gut antun.

Und auf jeden Fall hat jede Gemeinde der andern Beistand auf eigene Kosten zur Abwehr und Vergeltung von böswilligem Angriff und Unrecht eidlich gelobt in Erneuerung des alten, eidlich bekräftigten Bundes, jedoch in der Weise, dass jeder nach seinem Stand seinem Herren geziemend dienen soll.

Wir haben auch einhellig gelobt und festgesetzt, dass wir in den Tälern durchaus keinen Richter, der das Amt irgendwie um Geld oder Geldeswert erworben hat oder nicht unser Einwohner oder Landmann ist, annehmen sollen.

Entsteht Streit unter Eidgenossen, so sollen die Einsichtigsten unter ihnen vermitteln und dem Teil, der den Spruch zurückweist, die anderen entgegentreten.

Vor allem ist bestimmt, dass, wer einen andern böswillig, ohne Schuld, tötet, wenn er nicht seine Unschuld erweisen kann, darum sein Leben verlieren soll und, falls er entwichen ist, niemals zurückkehren darf. Wer ihn aufnimmt und schützt, ist aus dem Land zu verweisen, bis ihn die Eidgenossen zurückrufen.

Schädigt einer einen Eidgenossen durch Brand, so darf er nimmermehr als Landmann geachtet werden, und wer ihn in den Tälern hegt und schützt, ist dem Geschädigten ersatzpflichtig.

Wer einen der Eidgenossen beraubt oder irgendwie schädigt, dessen Gut in den Tälern soll für den Schadenersatz haften.

Niemand soll einen andern, außer einen anerkannten Schuldner oder Bürgen, pfänden und auch dann nur mit Erlaubnis seines Richters.

Im übrigen soll jeder seinem Richter gehorchen und, wo nötig, den Richter im Tal, vor dem er zu antworten hat, bezeichnen.

Gehorcht einer dem Gericht nicht und es kommt ein Eidgenosse dadurch zu Schaden, so haben alle andern jenen zur Genugtuung anzuhalten.

Entsteht Krieg oder Zwietracht zwischen Eidgenossen und will ein Teil sich dem Rechtsspruch oder der Gutmachung entziehen, so sind die Eidgenossen gehalten, den andern zu schützen.

Diese Ordnungen sollen, so Gott will, dauernden Bestand haben. Zu Urkund dessen ist auf Verlangen der Vorgenannten diese Urkunde gefertigt und mit den Siegeln der drei vorgenannten Gemeinden und Täler bekräftigt worden.

Geschehen im Jahre des Herrn 1291 zu Anfang des Monats August."

ART. 2 BUNDESVERFASSUNG DER SCHWEIZERISCHEN EIDGENOSSENSCHAFT vom 18.4.1999

1   Die Schweizerische Eidgenossenschaft schützt die Freiheit und die Rechte des Volkes und wahrt die Unabhängigkeit und die Sicherheit des Landes.

2   Sie fördert die gemeinsame Wohlfahrt, die nachhaltige Entwicklung, den inneren Zusammenhalt und die kulturelle Vielfalt des Landes.

3   Sie sorgt für eine möglichst große Chancengleichheit unter den Bürgerinnen und Bürgern.

Jürgen Elsässer (Hrsg.)
GEGEN FINANZDIKTATUR
Die Volksinitiative: Grundsätze Konzepte, Ziele

Bankenkollaps, zusammenbrechende Traditionsfirmen, Staatsbankrotte, ein Wechsel aus Deflation und drohender Hyperinflation: Wir erleben die furchtbarste Rezession seit Ende der 1920er-Jahre. Dabei ist diese Wirtschaftskrise auch ein Wirtschaftskrieg: Der Angriff des internationalen Finanzkapitals auf produktive Volkswirtschaften, vorgetragen vor allem aus den Börsenplätzen New York und London heraus. Angesichts einer epochalen Herausforderung kann die Politik nicht so weitermachen wie bisher. Deshalb hat ein Kreis innovativer Köpfe die *Volksinitiative* ins Leben gerufen. Ihre Forderungen: Statt auf internationale Vereinbarungen zu warten, muss der Nationalstaat notfalls einseitig gegen aggressive Spekulanten und Heuschrecken einschreiten. Die angegriffenen Nationalstaaten müssen sich koordinieren. Eine Achse Paris-Berlin-Moskau wäre möglich und wünschenswert. Statt sich im Besserwissertum der politisch Korrekten einzumauern, müssen Linke und Gewerkschaften offensiv auf andere Demokraten zugehen und ein Bündnis „von Lafontaine bis Gauweiler" schmieden. Dieses Buch versammelt erstmals wichtige Grundlagentexte und Strategiepapiere der Volksinitiative.

ISBN 978-3-89706-410-2
104 S., Taschenbuch
€ 7,50, Format: 11,5 x 19
COMPACT Nr. 10

Ekkehard Sauermann
OBAMA
Hoffnungen und Enttäuschungen

Im Oktober 2009 wurde dem Präsidenten der USA der Friedensnobelpreis verliehen. In der Begründung heißt es: „Barack Obama erhält den Friedensnobelpreis für seinen außergewöhnlichen Einsatz zur Stärkung der internationalen Diplomatie und der Zusammenarbeit zwischen den Völkern. Das Komitee hat besonderes Gewicht auf seine Vision und seinen Einsatz für eine Welt ohne Atomwaffen gelegt. Obama hat als Präsident ein neues Klima in der internationalen Politik geschaffen."

Manche sagen: Das ist zu viel der Ehre. Hier wurde der Preis an jemanden verliehen, der noch keinen Frieden gemacht hat. Das Sterben im Irak geht weiter, das Schlachten in Afghanistan wird intensiviert. Ekkehard Sauermann untersucht das Phänomen Obama umfassend. Er sieht den neuen Präsidenten in einem Balanceakt auf Messers Schneide: Hier die aggressivsten Fraktionen des US-Establishments, dort die Friedenssehnsucht seiner Wähler. Bilanziert werden Obamas große Auseinandersetzungen: die Gesundheitsreform, das Folterlager Guantanamo, der drohende Krieg gegen Iran, der Brandherd Afghanistan, die Abschaffung der Atomwaffen, das Verhältnis zu Russland.

ISBN 978-3-89706-411-9
112 S., Taschenbuch
7,50 €, Format: 11,5 x 19
COMPACT Nr. 11

Jürgen Elsässer (Hrsg.)
IRAN
Fakten gegen westliche Propaganda

Zielstrebig bereiten die Falken in den USA einen Krieg gegen den Iran vor. Das Drehbuch ist dasselbe wie beim Angriff auf den Irak 2003: Wieder heißt es, ein nahöstlicher Diktator, ein Wiedergänger Adolf Hitlers, greife nach Massenvernichtungswaffen. Wieder heißt es, Israel sei tödlich bedroht, ein zweiter Holocaust werde vorbereitet. Wieder heißt es, alle Verhandlungen scheiterten an der Starrsinnigkeit der Gegenseite, und allein eine Ultima Ratio könne noch Abhilfe schaffen: der Krieg.

Dieses Buch liefert gut belegte Fakten gegen die westliche Propaganda. Behandelt werden die Hauptpunkte der Kriegsvorbereitung:
* die Lüge vom iranischen Griff nach der Atombombe;
* die Lüge von den iranischen Vernichtungsdrohungen gegen Israel und der Judenfeindschaft des iranischen Präsidenten;
* die Lüge von der Fälschung der Präsidentschaftswahlen im Juni 2009.

ISBN 978-3-89706-414-0
104 S., Taschenbuch
7,50 €, Format: 11,5 x 19
COMPACT Nr. 14

Domenico Losurdo
DIE DEUTSCHEN
Sonderweg eines unverbesserlichen Volkes?

„Deutschland denken heißt Auschwitz denken" – dieses Verdikt von Günter Grass fasst den Antinationalismus der meisten Linken und zunehmend auch der politischen Eliten treffend zusammen. Ignoriert wird dabei, dass in Geschichte und Gegenwart der Deutschen mächtige fortschrittliche Strömungen zu finden sind. Verdrängt wird, dass der Faschismus keineswegs eine exklusiv deutsche Erscheinung war und ist. Der Knüppel vom „deutschen Sonderweg" dient dazu, die Verfolgung eigener Interessen zu verwehren und in einer Vasallenrolle gegenüber den USA zu halten.

Aus dem Inhalt: Ein in alle Ewigkeit reaktionäres Deutschland?/ Die internationalen Ursprünge des Nazismus/Selbstgeißelung oder Neudefinition der nationalen Identität?/Die sozialistische Bewegung und die Theorie des Sonderwegs/Patriotismus versus Chauvinismus

Domenico Losurdo, Jahrgang 1941, gilt als einer der bedeutendsten kommunistischen Philosophen Italiens und findet als unkonventioneller Denker auch außerhalb der Linken Anerkennung. Er lehrt an der Universität von Urbino.

ISBN 978-3-89706-415-7
ca. 112 S., Taschenbuch
7,50 €, Format: 11,5 x 19